美国在抢劫

华尔街的金融游戏

[美] 莱斯·利奥波德 著
田文惠 译 余方 肖铭 校译

中国财政经济出版社

图书在版编目（CIP）数据

美国在抢劫：华尔街的金融游戏/（美）莱斯·利奥波德（Leopold,L.）著；田文慧译. -- 北京:中国财政经济出版社，2012.4

书名原文：The Looting of America

ISBN 978-7-5095-3364-2

Ⅰ. ①美… Ⅱ. ①利… ②田… Ⅲ. ①金融危机－美国－通俗读物 Ⅳ. ①F837. 125.9－49

中国版本图书馆CIP数据核字（2012）第011534号

著作权合同登记号：图字01-2012-0356号

中国财政经济出版社 出版

URL：http://www.cfeph.cn

E-mail：cfeph @ cfeph.cn

社址：北京市海淀区阜成路甲28号 邮政编码：100142

营销中心电话：88190406 北京财经书店电话：64033436 84041336

北京富生印刷厂印刷 各地新华书店经销

787×1092毫米 16开 14印张 191 000字

2012年4月第1版 2012年4月北京第1次印刷

定价：36.00元

ISBN 978-7-5095-3364-2/F · 2852

（图书出现印装问题，本社负责调换）

本社质量投诉电话：010-88190744

写给本书

“对于华尔街这个大赌场究竟如何摧毁了我们的经济，莱斯·利奥波德给了人们一个令人信服的明确解释。他的一些建议听起来可能会有些挑衅，但是那又怎么样呢？尽管它的某些描述可能会令人不舒服，这本书的内容却着实有趣。”

——乔纳森·阿尔特（Jonathan Alter），新闻周刊（Newsweek）高级编辑及专栏作家，畅销书《关键时刻：罗斯福的100天和胜利的希望》（The Defining Moment: FDR's Hundred Days and the Triumph of Hope）的作者

“莱斯·利奥波德对于在过去十年中导致房地产泡沫高涨的衍生市场给出了一个有趣的解释，并且对如何避免下次泡沫破灭提供了有效的建议。他是少数懂得把当今危机追溯到30年前，并将之与当今的收入再分配联系起来的观察者之一。”

——丁恩·贝克（Dean Baker），经济与政策观察中心（the Center for Economic and Policy Research）联合主任，《掠夺与失误：泡沫经济的兴衰》（Plunder and Blunder: The Rise and Fall of the Bubble Economy）的作者

“莱斯·利奥波德对经济危机的考虑是我所见过的最清晰、最能接受的。他给没有经济或金融背景的人明了地阐释了华尔街如何毁掉了我们的经济，以及我们能做的。”

——雷奥·格拉德（Leo Gerard），美国钢铁工人联合会总裁

“莱斯 · 利奥波德对于我们这次金融危机的叙述是如此的清晰、明朗与新颖，以至我通篇读下来，并未有丝毫的困惑与不解；反而，出乎我意料的是，我感觉自己像是在经历格林童话中的奇幻森林历险记，我感觉到自己正穿行在由金融抵押、信用掉期、经济泡沫以及各种优先股所组成的浓密的森林中。《美国在抢劫》这本书为那些不谙自由市场跌宕起伏规律，或者无法通过改变来平稳过渡的人们指明了方向。”

——罗伯特 · 库尔维奇（Robert Krulwich），美国国家公共电台科学栏目通讯员，广播实验室（Radio Lab）联合主持人

“造成本次金融危机的因素复杂多变，普通美国人常常发现自己被这些千奇百怪的东西吓到。但归根结底，这是一个让业内人士趁机谋取私利的案例，而莱斯 · 利奥波德利用出色的文笔解释了经济危机爆发的前因后果，即便是非专业人士也能了然。”

——罗伯特 · 卡特纳（Robert Kuttner），《美国前程》（The American Prospect）联合编者，《奥巴马的挑战》（Obama’s Challenge）的作者

“现在终于有一本书能够直白地阐明华尔街虚幻的金融工程给我们带来的当前这场危机。寓教于乐的故事让人既感到愤怒又有些可笑。它带我们走进有史以来最奢华的赌场，并说明它如何夺走了我们的工作和存款，同时也开出了如何给予普通民众损害保护的良方。”

——卡罗琳 · 玛戈尔（Carolyn Mugar），农业补贴组织执行董事

“《美国在抢劫》一书对我们如何被危机‘命中’进行了发人深省的分析。本书通过大量的数据和背景知识从正反两面探讨了摆在我们面前的选择——那些‘华尔街并不乐见’的和那些‘华尔街真正痛恨的’。”

——约翰 · 珀金斯（John Perkins），《一个经济杀手的自白》（Confessions of an Economic Hit Man）的作者

目 录

致 谢

我用一个普通的美国小镇引出了本书需要探讨的话题。在过去几十年中，我一直有幸与之共事的劳动研究院（The Labor Institute）的同事们在创作上给予了我极大的帮助。在此，我对乔·安德森、凯西·伯里斯、保罗·伦纳、萨莉·西尔弗斯、罗德里戈·托斯卡诺、让·尤拉诺和吉姆·扬深表感谢，感谢他们所付出的时间、精力、鼓励和见解。同时感谢马克·杜辛斯与莫林·基冈对本书样稿提出的翔实评价。

在此，我还要特别感谢美国钢铁工人联合会（United Steelworkers）的吉姆·弗雷德里克和迈克·吉尔，他们一直鼓励我创新和写作。肯诺夏教师协会的执行主任乔·克里亚克在指导我了解威斯康星州金融事务方面提供了很大的帮助，并再次向我展示了合格的工会代表每天是怎样努力为人们谋取正义的。感谢全国教育协会（National Educational Association）的大卫·施莱因，是他鼓励我把这个信息传达给全国各地的教师。

此外，我那一帮堂兄弟姊妹们（以及远房堂兄弟姊妹及其另一半）也一直在鼓励我，他们在工作之余阅读草稿，然后催促我继续写。感谢杰夫、桑迪、查克、黛安和亚力杭德罗。尤其要感谢诺曼和黛比，他们不仅提出了宝贵的意见和支持，还举行了多次聚会，让我们的大家庭聚在一起。我妹妹伊芙琳也对我的创作给予了很多鼓励。作为一名专业记者，伊芙琳真诚可信、见解独到，令我们敬佩不已。

我很幸运得到了劳拉·麦克卢尔在编辑方面无比宝贵的帮助。她集专业、政治见解、赞誉和鼓励于一身，简直无懈可击。如果您需要一位自由编辑，那就去找她！我也非常幸运地获得了大卫·登博在研究和编辑方面的支持。

他为社会正义献身的精神体现在他的事业上，同时也为类似本书这样的著作指明了前路。

与切尔西格林出版社（Chelsea Green Publishing）的工作人员们一起工作很快乐，其中包括一开始洽谈的出版商马戈·鲍德温和编辑部主任乔尼·普拉德。当他们决定要出版一本书时，他们会兴致勃勃地细读一遍。此外，还要特别感谢乔纳森·泰勒—埃尔斯伯格，他热心地和我一起编辑了最终稿。他独特的见解、细致的检查和丰富的经济知识为本书增色不少。

我的经纪人比尔·李一次次来回奔走，他所花费的时间远比他应该付出的多。或许有一天他的付出会得到回报。而我现在对他的友情和敬业精神只能给予最诚挚的感谢。吉姆·扬是我的另一位好友，也是我的同事和邻居，他对本书的编写给予了十分贴切到位的指导。我真的欠他很多。

另外，我还要感谢我们镇上的金融足球（一种游戏）大佬们，他们花了很长时间教育这些对理财毫无概念的家伙。他们非常关注这场危机，并希望为我们的孩子建造一个更美好的世界。

最后是我要感谢的核心人物——我的妻子莎伦·斯曼斯基博士。身为这个家中真正的经济学家，她为我提供了不胜枚举的参考文章、资料和见解。最重要的是，她真心喜欢做这些。我们育有两个可爱的孩子——切斯特和丽娜，他们给我的鼓励远比他们知道的要多。他们也是我和莎伦极力希望打造一个更美好的世界的原动力。

前 言

到现在这个地步，相信您已经清楚了一件很重要的事情：您还不太了解华尔街“资产毒垃圾”强加给我们的破坏力到底有多大。当然，您已经听说了因为人们无力偿还贷款而导致银行不良抵押贷款数量激增。您也听说了我们所有人——普通消费者和银行家一样，深陷债务危机，不得不勒紧腰带过日子。但您可能会怀疑这只是冰山一角。事实的确如此。

和我们大多数人一样，您也在祈祷刺激经济的一揽子计划和华尔街救助计划能够重振经济（尽管您对政府帮助富有的银行家的做法半信半疑，并对他们获得丰厚的奖金感到愤怒）。您也担心，我们对国家的希望和梦想，如全民医疗保健、替代能源投资或继续支持公众教育等，将随着经济的崩溃而破灭。毫无疑问，您担心我们的国家将被积蓄如山的债务压垮。这一切就像一团乱麻，而您想要的是直接的答案。我也一样。

2007 年房地产泡沫破灭后，我意识到自己并不太了解现代的高级金融业。在我拜读过的最后一本经济学教科书中，有 544 页在讲述商品生产和服务，只有一页介绍银行和金融业。这点内容当然无法解释为何我们的经济面临崩溃，以及为何我们必须将如此一大笔资金交给华尔街，以规避更严重的危机。我觉得自己像是个一无所知的笨蛋。现在该是找出些许真相，让和我一样一头雾水的国人们了解实情的时候了。

我向专家们求助，这是我们一贯的做法。我对银行家、投资分析师、学者和记者们的分析进行了研究。这些专家们都力图解释目前的烂摊子，或提出解决方案。但是，他们其中许多人都属于空想派。当局势大好、华尔街日进斗金时，许多业内人士充当了它的啦啦队。几乎所有专家都鼓吹新的金融服务经济是能让美国迈向光明未来的康庄大道。他们认为那些敢于提出质疑的人是无关紧要的牢骚大王或激进的疯子。更严重的是，多数业内人士甚至没能提出新一轮“金融工程”对我们的社会是好是坏的问题。相反，他们的理解是：“如果它能创造出那么多财富，那么无疑是好的、有益和有价值的。”

我们很难从市场内部质疑市场原教旨主义。在过去的几十年中，我们一直被灌输的是，私营部门的金融市场是分配资本最有效的途径。如果这类市场不能有效运作，那就意味着政府必须进行干预和调节。这种信仰式的思想充斥着我们现有的机构和财务报告，甚至已经开始在小学中教授。

在本书中，我以外行人的身份研究了这场经济危机。我的目的是回答一些非常基本的问题，并以一种能够让其他人理解的方式分享我所了解到的真相。在我们研判危机的细节时，也需要审视其庞大、繁杂的背景。这场危机的累积至少花了30年的时间，如果不能“解决”根本性问题，那么我们将无法解决任何问题。

身为一个正在经历经济崩溃的国家的一分子，每个人都需要具备一些基本的金融素养。我的意思是，看看您的周围：我们正处于一次严重的经济衰退的边缘。而这正是那些专家们给予我们的“厚礼”。您还希望继续让他们撰写经济评论吗？

* * * * *

在过去的几年中，我对特殊的金融工具有着近乎病态的好奇，特别是对债务抵押债券（CDOs）——那些利润很高的新型金融产品，据说这种产品能够使边际买主的购房负担更小，同时为金融部门带来巨额回报，而且对投资者几乎没有任何风险（有关这些术语的解释见文后词汇表。我还会在第6章解释债务抵押债券的含义）。华尔街大亨及其在媒体界的追随者们解释说，这些债务抵押债券是让美国国富民强的金融机构推出的众多新产品中的一部分。当我们不再是世界上的制造业巨头后，我们转而成为全球金融业创新的巨大引擎，造就了这些神奇的新发明。据说这些让世界艳羡的新型金融工具创造的利润远远超过汽车、钢铁或冰箱。此外，它们还创造出了许多高薪工作，这反过来又提高了国民的整体生活水平——特别是在曼哈顿地区！

这些金融工具的运作原理真的让人费解。我把它想像成一种类似金融 iPod 的东西——一种优雅时尚的新设备，给予人们他们真正想要的东西（或他们自认为应该拥有的），同时为其生产商创造巨额利润作为回报。但随着我越来越多地了解我想像中的债务抵押债券 iPod，我很快意识到，金融产品和消费类产品之间有着根本上的不同：即当一种金融产品崩溃时，整个世界经济可能随之崩溃。

截至写这篇文章时，全球经济已经缩水数万亿美元——接近全球金融财富的一半，这在很大程度上归咎于本质上存在缺陷的债务抵押债券产品。[1]我们的政府正在救助华尔街的公司，并且接管了两家处于抵押制度核心位置的企业——房利美和房地美（Fannie Mae & Freddie Mac）。雷曼兄弟公司（Lehman Brothers）已经清盘，美林证券（Merrill Lynch）的看涨行情也被美国银行拖累，后者正濒临崩溃。同样，世界上最大的保险公司美国国际集团（AIG）基本上已被政府接管，而花旗集团（Citi Group）也将步其后尘。与此同时，银行只进行数量很少的小规模贷款。此外，随着失业率快速上升的势头将延续至 2009 年，经济局势一直呈下降趋势。政府被迫投入近 1 万亿美元进行金融救助，并另外批准了数额高达 7870 亿美元的公共经济刺激一揽子措施，以防止经济坠入深渊。

这些创新性金融产品还危及世界各国的地方财政。举例来说，位于挪威北端的纳尔维克小镇（Narvik）将其储备基金投入了传闻

[1] 梅根·戴维斯和瓦尔登·肖，“黑石集团 CEO：金融海啸近半世界财富被毁”路透社，2009 年 3 月 10 日，www.reuters.com/article/newsOne/idUSTRE52966Z20090310。

中超级安全的债务抵押债券，结果损失了6500万美元。而五个威斯康星州学区共投入3500万美元自筹基金及1.65亿美元贷款购买了一种名为“合成型”债务抵押债券的AA级证券。目前，他们不仅面临失去全部投资的危险，而且还债台高筑——负债2亿美元。而这只是金融产品中的一部分！

其他存在先天缺陷的金融产品也正在召回之中——而这是历史上规模最大的一次。这些金融工具将抵押贷款切割成证券，在世界各地进行出售和转售，其毒性难以估量，人们不得不小心谨慎地将其从银行、投资公司、经纪公司、保险公司和其他金融机构的资产负债表中删除（我不禁想像着银行查账员“身着完全封闭的白色核生化防护服，背着氧气瓶，用大镊子从银行账簿中拔除这些毒瘤”的样子）。这些金融隐患的危害非常大，以至于布什政府于2008年11月决定对其置之不理，转而采取银行体系关键部门国有化（部分）的政策，同时还为其他主要金融机构提供高达数百亿美元的资助。试想一下，一种金融产品居然迫使一向主张自由市场的布什政府开始实行社会主义政策，可见其破坏力惊人！

但这种产品的召回与其他因设计缺陷而致使生产企业召回产品的案例完全不同——联邦政府最初决定动用至少7000亿美元的纳税人资金购买境况不佳的银行的该类产品（据说如果将联邦担保计算在内，数额已经高达1.5万亿美元，而且在救助计划结束时，金额将更高）。随后政府决定不再收购这些资产毒垃圾，而是向中毒的金融机构大规模放贷，然后再让他们把钱借给企业和消费者（与此同时，美联储正在秘密地为这些资产毒垃圾买单，而这可能会在未来耗费纳税人数千亿美元）。现在，执政的奥巴马政府再次采取了将这些危险资产从银行账户中去除的计划，最终可能需要在这个原本已经耗资巨大的烂摊子中再投入数万亿美元。与此同时，华尔街大佬们却为自己出色的工作颁发了184亿美元的奖金，而此时正值1929年大萧条以来最严重的金融危机肆虐，他们自家银行开始领取联邦失业救济金之后。

我们现在将这种金融产品与iPod等有形产品进行比较。试想，一个可能导致 iPod 爆炸的重要电力问题被发现（一些由索尼公司生产的笔记本电脑电池曾出现过这类事故[1]）。如果召回成本及引发的法律诉讼威胁足以击垮苹果公司（这种情况几乎不可能出现），那么苹果的股价可能将跌至零，届时将有 900 亿美元化为乌有（截至本书创作时）。这笔资金与一种债务抵押债券失控所引发的损失相比，只是个零头。随着了解的不断加深，我们意识到终止一种不完善的金融产品的后果可能是引发一场巨大的经济风暴。

债务抵押债券型金融工具和 iPod 之间的另一个巨大区别是（截至本书创作时），没有人知道一种既定债务抵押债券的真正价值。因此，囤积了大量这类产品的银行、投资公司和保险公司都极力想弄清楚他们是否有能力偿还这些债务。由于他们知道自己并不清楚答案，因此他们也明白别人也不知道答案。他们彼此之间不信任，而投资者又不信任他们。与 iPod 明示“建议零售价”的情况不同，许多债务抵押债券的价值通常只能通过复杂的计算机模型估算。但问题是没有人相信模型给出的结果。因此，作为我们金融系统支柱的信贷和贷款环节被完全阻滞。

这个号称我国美好的金融前景的支柱怎能如此“晦涩难懂”？这种不太可靠的金融工具毁掉全球经济的可能性有多大？为何没有几个人能够了解它是如何运作的？作家和决策者们兴致勃勃地谈论着一种如何让人们参加他们根本担负不起的贷款游戏，以及这些贷款又是如何被投入价值已然折损的抵押证券的。还有，这些神秘的债务抵押债券是如何莫名其妙地让住房市场卷入其中的（或者是还有其他方式）？您听到他们使用“份”（tranche，法语）这个词，就好像这是一种新推出的羊角面包。但如果您再回味，您就会意识到他们对这些新型金融工具能否有效运作也只是一知半解。

有多少决策者和分析家愿意退一步，看看我们目前的真实境况？我们的国家将数万亿美元的投资和债务托付给了这些无人能懂

---

〔1〕美国消费产品安全委员会，“因存在起火与烧伤隐患，召回 PC 笔记本电池”，2008 年 10 月 30 日，www.cpsc.gov/cpscpub/prerel/prhtml09/09035.html。

的金融工具的发明者和分销商。我们编写规则、废除规则，但却没有哪条规则鼓励发明极度复杂同时利润又高得不切实际、最终影响却是毁灭性的金融工具。我们让一种新型的全球影子银行系统存在于所有监管机构的控制之外。我们将国家经济命脉交给了一帮夸夸其谈、极其危险的高级金融赌徒，而他们却毁了它。

我们的国家经济正处于险境，为什么会这样？为什么成千上万心智最健全的精英将自己的精力花费在发明新的钱生钱工具上？这种工具最好时对社会毫无建树，最坏时却造成灾难？在地球正面临各种危机的今天，为什么还会有这么多人才将时间浪费在玩这种极其危险的金融游戏上？

我一直试着对债务抵押债券和其他新发明的金融工具，以及成千上万发明、销售这些金融工具并从中牟利的天才们的社会效应保持开放心态。但事实在不断证明，很多目前已有的金融机构只是在榨干我们的资源。各地的评论员都将矛头指向了金融部门非生产性人才堆积，而清洁能源替代及其他重要领域人才不足的问题。他们还立即对华尔街的贪婪进行了穷追猛打，似乎这是件新鲜事。贪婪是从何时起成为华尔街乃至整个资本主义的一项罪行的？事实上，它应该是创造市场经济效率最好的驱动力。亚当·斯密（Adam Smith）不是在很久以前就已说过，追求个人利益是促进社会繁荣的根源吗？

更令人不安的是，许多学者正在界定的“实体”经济与“金融”经济之间的区别。也许他们只是想将金融与生产区别开来。或者，他们所说的也许是更糟糕的事情。在了解更多有关这种区别以及为何它非常重要之前，我们可能需要付出代价。

我们需要了解更多，因为在2008年危机爆发之前，金融部门是国家经济中增长速度最快的部门之一，创造了大约20%的国内生产总值。该行业所创造的企业利润占总量的27.4%。[1] 金融业崛

〔1〕大卫·论哈德，“刺破经济泡沫”《纽约时报》，2008年9月20日，www.nytimes.com/2008/09/21/weekinreview/21leonhardt.html。

起，制造业没落，导致金融业开始主导实体经济。劳工统计局的统计数据显示，1940 年制造业与金融服务业的就业岗位比率为 7.1∶1；1950 年为 7.7∶1。在这之后，如图表 1 所示，就业比率的天平开始倾斜。到 2008 年 11 月，制造业与金融服务业的就业岗位比率只有 1.6∶1。在危机爆发前，金融行业的薪资支出占全国总量的近 10%，较 1975 年的 5% 翻了一番。假设该系统没有完全崩溃，那么“虚幻”的金融业将在短短几年中超过“真实”的制造业。

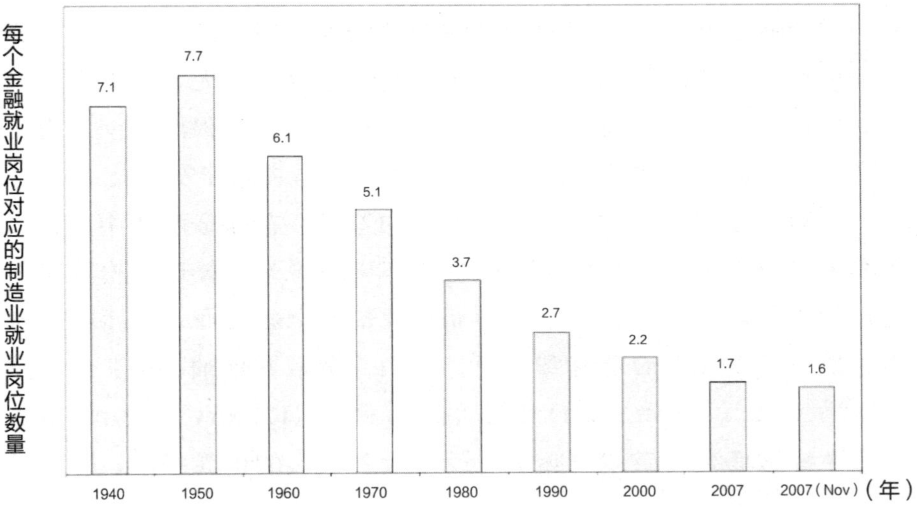

图表 1　**美国制造业与金融业就业岗位比率**

来源：劳动统计局。

虽然我们经常听到这些金融机构规模庞大、不可能倒闭的说法，但不幸的是，它们确实会倒闭。截至 2008 年，花旗集团、美国银行、摩根大通和美国国际集团各自的营业收入均超过 1000 亿美元。高盛和摩根士丹利也相去不远——约为 800 亿美元。[1] 如果这些

〔1〕源自于《财富 500 强》，http://money.cnn.com/magazines/fortune/fortune500/2008/full_list/。

企业同时出现问题，那么我们所有人——即使我们自认为距离华尔街的日常运作非常遥远，将会亲眼见证另一次大萧条。

有些事情不能计算。如果它们不是“真实的”，那么我们应该对金融业超越“真正的”产业经济感到震惊吗？如果它们不是真实的，为什么其从业人员获得的报酬如此之高？如果它们不是真实的，那它们是什么？

作为一个浪费了过去25年共同掌管一个幻想棒球队的奇才，我很担心华尔街的大佬们利用特殊的金融工具玩了一场规模巨大、虚幻的金融游戏……只是他们投注的是别人口袋里的钱。一小撮银行家和交易商通过发明、购买和出售对实体经济毫无贡献的金融产品就能创造出巨额的真实资本，这可能吗？这是否很像根据来自于“真实”棒球比赛统计数据赢取奖品的幻想体育联盟赛事？

这两者之间至少有几个非常明显的差异：在棒球联赛中，每个赛季末只有一部分资金换手，而且没有人敢说幻想棒球比赛提高了真正的职业棒球大联盟的水准。而在虚幻的金融行业，易手的资金高达数万亿美元，而且直到最近，我们的金融界领袖，如艾伦·格林斯潘（Alan Greenspan）和罗伯特·鲁宾（Robert Rubin）等，一直声称这场金融游戏实际上有助于改善真实的世界经济。不幸的是，他们错了。

可以肯定的是，虚幻的金融业是真实存在的。政府要求我们纳税人支付数万亿美元，希望通过救助华尔街来挽救我们的经济免于崩盘——在很大程度上导致这场危机的罪魁祸首正是华尔街最新、最伟大的产品，如债务抵押债券、信用违约掉期及其让人痛恨的产物——“合成型”债务抵押债券。我们也在为保住自己的工作而付出代价。私营部门的失业率迅速上升，2009年初已经攀升至8%以上。而公共部门的职员，从教师到消防员，都受到国家和地方税收收入大幅减少的影响。我肯定所有身处危机的人都想更多地了解一下这些金融工具的本质以及它们是如何毁了我们的经济的。

继金融工具之后是次级抵押贷款难题。财经媒体众口一词，断言本次经济危机的起因是办理了高风险抵押贷款而无力负担的穷人和故意赖账的贷款人，而其中的推手则是那些应该查明情况的贷款人。这种抵押贷款的价值高达 1.3 万亿美元，其中违约或类似情况约合 3000 亿美元（两种风险最大的类型——次级抵押贷款与准优选级放贷各占一半）。有人可以解释这笔相当于美国家庭净值 2% 的资金是如何摧毁世界金融体系的吗？到目前为止，纳税人已经为银行救助和贷款担保投入了大约 2 万亿美元。为什么之前没有考虑到这个问题？就像违反常理的现代版“面包和鱼的奇迹”一样，3000 亿美元的坏账是如何演变成上万亿美元的资产毒垃圾的？难道这都是穷人惹的祸？

我在本书中探讨了这些问题，希望其中的答案能够让大家对目前的经济困境一探究竟，以及我们应该做什么。至少，我希望能够为提高我们整体的金融素养贡献绵薄之力。

总之，如果我能理解这些废话，相信您一定也能。

第一章

白鱼湾之殇

2008年爆发的经济危机波及全球，作为威斯康星州一个只有13500人口的小镇——白鱼湾也遭受重创。不过，这一点您绝对不可能从小镇的表面上观察到。

白鱼湾坐落在密尔沃基以北几英里处，整个村镇散发着20世纪60年代初期那种特有的乐观、自信的气息。在高出密歇根湖面上百英尺的沿岸悬崖上，矗立着一座座宏伟的宅邸，从这里望去，密歇根湖壮阔的美景一览无余。沿着林荫路向小镇里面走，豪宅逐步被坚实的中产阶级住宅区取代。白鱼湾主要的商业街是银泉路，道路两旁店铺林立，丝毫不受来自附近湾岸商场（Bayshore Mall，是一个自成一体的超现代购物社区，内含人造街景／城镇广场和供人居住的高级公寓）激烈竞争的影响。白鱼湾还建有一座供应餐食、具有装饰艺术风格的影院，您可以边看电影、边吃餐点。这里还有一流的超市、鱼市和面包店。一切都那么井井有条——除了您，如果您碰巧是棕色或黑色人种。在白鱼湾的居民中，白人占94%，而黑人仅占1%。因此，白鱼湾也被人们戏称为“白佬湾”。

然而，这个以白领为主的小镇在2008年总统大选中将选票投给了巴拉克·奥巴马，而他们也总是对小镇上的学校的决议投赞成票——白鱼湾学校的教学质量在威斯康星州名列前茅。白鱼湾居民中的富翁对学校系统的支持也是不遗余力：2007年，共捐资70万美元为“学生们提供机会、服务和设施”。他们的投资获得了丰厚的回报：在白鱼湾所有高中毕业生中，94%的直接升入大学，学校的辍学率不到0.5%。

白鱼湾学区对其肩负的财政责任非常重视。例如，学区专门设立了一家信托基金，用以支付学校退休教职员工的福利金，其中主要是医疗保险。在最初商议支付这类津贴（通常称之为“其他退休福利”或OPEB）时，其数额并不大。但随着时间推移，医疗成本急剧增加。更重要的是，现在的会计规则规定，学区应当分摊这部分费用，并将之作为每年的负债记账。白鱼湾学区和其他众多学区一样，开始担心应该如何承担这些债务。

白鱼湾的居民都很有经济头脑，他们的校董也不例外。他们开始探索各种让OPEB信托基金更快地产生回报的方式，以便坚守对退休职工的承诺。作为白鱼湾镇资源的监护人，他们不断寻找回报率最高、风险最小的基金投资方式。正如学区商业服务总监肖恩·雅迪尔所称，他们的目标是“在不增加纳税人负担或减少学生教育资助力度的前提下，让我们学区教职员工的未来得到保障。”[1]

与此同时，华尔街的投资公司也纷纷把目光投向了像白鱼湾一样的学区的信托资金上。他们希望说服这些学区停止用这笔巨款——2006年全国各学区共计1000亿美元——购买国债和联邦保险保障的定期存款（CD）。华尔街的“创新型”证券能够提供更高的回报，更不用说利润更丰厚的投资公司了。

在这种情况下，一个老套的恋爱故事拉开了序幕：供应方（华尔街最热门的金融产品）遇到了需求方（希望建立自己的OPEB信托基金的学区）。看上去就像是完美的一对。

在密尔沃基地区，供应方的代表是Stifel Nicolaus &

[1] 肖恩·雅迪尔，“肖恩·雅迪尔社论”，www.schoollawsuitfacts.com/2008/12/op-ed-piece-fromshawn-yde.html。

Company，一家拥有108年历史的金融公司，它以“客户和社会利益至上”为宗旨，以“精益求精，高于预期”为己任。[1]

Stifel Nicolaus是一家全国性公司，总部设在圣路易斯。该公司密尔沃基地区的负责人碰巧是大卫·诺雅克（David W. Noack）。据《纽约时报》报道，“诺雅克在过去的20年一直担任威斯康星州各学校董事会的顾问，帮助他们借款建造新的体育场馆和教室。他的父亲是一名拥有47年教龄的中学退休教师。他的六个子女全部就读于密尔沃基学校。”[2]学校董事会曾多次称其为他们的“财务顾问”——对此，他欣然接受[3]。

2006年，这位慈祥、低调的业务员（他更喜欢被称为银行家）诺雅克先生呼吁白鱼湾学校董事会和威斯康星州其他学区购买“收益比国库券高，但却一样安全的”证券产品。就在前不久，他刚刚参加了一次针对这些新型金融产品的培训课程（两个小时），所以他信心满满地向校董们保证，这些证券产品的“安全性为AA，投资类型为AAA”。他表示，所有投资都不包含次级债。此外，这类交易符合该州相关法规，因此该学区的错误就在于太过保守。诺雅克表示，事实上，这些证券产品的风险非常之低，除非出现“15家安然公司”，否则该学区投资不会受到影响。[4]对于学校可能会损失其投资的问题，诺雅克认为：“在全球800家一流公司中，会有100家倒闭。”[5]

就像许多恋情一样，一方诱惑，另一方被诱惑。诺雅克给人的印象肯定是一位关心他人、温和体贴的求爱者。他的推销旅程始于邀请地区学校管理人员和董事会成员一起喝茶，“尽情享用Stifel

[1] Stifel Nicolaus网站www.stifel.com/include.asp?pgid=178中“关于我们”部分。

[2] 查尔斯·杜赫与卡特·多尔蒂“清算：全球投机之痛”，《纽约时报》，2008年11月1日，www.nytimes.com/2008/11/02/business/02global.html。

[3] 见瓦克夏学校董事会2006年8月30日会议视频，http://www.youtube.com/watch?v=OydC6K0Dwjg。

[4] 五个学区向经纪公司追讨2亿美元，www.schoollawsuitfacts.com/2008/09/contactcraig-peterson-zigman-joseph.html。

[5] 肯诺夏学校财务委员会2007年5月8日视频录像（21:10分）。

Nicolaus 公司提供的食品和饮料”。这种形式让聚会看起来更像是家长和教师联谊会的筹款会，而不是干劲十足的投资推介会。就像请柬中所说的，他只是希望将这些新型“AA-AAA 级”投资介绍给当地的学区领导。

从肯诺夏学校董事会录制的一系列录像和录音带中——以及后来白鱼湾和附近其他三所学区提供的有关诺雅克投资建议的资料[1]——您不难明白其推介的模式。首先，他会强调学区在支付退休人员福利方面所面临的长期财务负担[2]。例如在 2006 年 7 月 24 日录制的一段 17 分钟录音中，他提醒校董们，根据 Stifel 公司的精算结果，该学区担负的退休人员福利负担高达 8000 万美元（在一年后的 Stifel“更新版”研究中，这一估值骤增至 2.40 亿美元）。实际上，诺雅克把时间大多用在描述学区负债以及学区将不得不支付这笔巨款上，而不是说明他提议进行的数百万美元的投资和贷款。不用担心，他安慰大家说：“在过去的 4 年中”，他一直在为解决这类债务问题而研究投资解决方案。

接下来，诺雅克强调，他并不打算用学校的资金去玩大冒险游戏。他推荐的投资都非常保守，他的做法非常谨慎。正如他所说：“我们的计划……是在一定程度上利用信托和学区贡献的一小部分，然后进行投资，赚取 AA、AAA 级投资的利差，并在接下来很长的一段时期内一点点投入……我们的做法没有风险，但我们可以获得……”

他还通过讲述威斯康星州其他学区如何就类似投资与之合作的案例对白鱼湾学区的校董们施加压力。他对学区负责人说，人多力量大。通过与其他学区合作，他们将“提升其购买力”，这句话他重复过多次。

---

〔1〕最终，有五个学区在诺雅克的帮助下进行了投资，分别是白鱼湾、肯诺夏、金佰利、瓦克夏和西艾利斯·西密尔沃基。

〔2〕例如，在肯诺夏学区，工人包括教师、教育支持人员、秘书、保管人员、电工、木匠、画家和所有行政人员。

诺雅克将这件事进行夸大，仿佛这几个学区的集体“购买力”已经到了让银行和投资公司排队争取他们业务的境地，他们心甘情愿为学区奉上成本最低的贷款和回报率最高的产品。他很快就能安排这几个学区的一揽子计划进行“招标”，他相信自己能够让他们得到最好的收益。

为了消除本次投资中遇到的巨大压力，在推介演说的最后，诺雅克要求学校董事会通过决议，“授权但不强迫”其财务委员会或领导在回报率理想时进行投资。他从来没有要求学校董事会作出最终承诺。相反，他只是表达了即使在表决后，相关负责机构和领导也无需许下任何承诺的意思。

但被诱惑一方很少处于被动状态。在这段恋情中，几位关键的董事会成员促成了恋情的继续发展。例如在肯诺夏录像中，董事会成员马克·哈吉克（Mark Hujik），一位身材笨拙的前华尔街经纪人（现在他在威斯康星州开了一家金融咨询服务公司）多次对这些交易投了赞成票。自信的哈吉克从未对他不懂的问题提出任何疑问。他确信每个人都知道他懂得金融交易中的复杂细节。在肯诺夏签署了第一笔交易前的一次重要会议上，他强调董事会将办理的上千万美元的贷款是“道义上的”，而不是代表该镇签署的“合同”义务。他表示，万一出了问题，肯诺夏不会真的背上2850万美元的贷款债务（不幸的是，他没有提到，即使该镇无需担负其“道义上的”债务，但仍可能需要面对控告和债务评级暴跌。当一个小镇的债务评级下降时，它将为其所有其他借贷需求支付较高的利率——假设其他机构都不愿再借钱给它）。[1]

总之，哈吉克和诺雅克利用能够表明自信和专业的银行家行

[1] Investopedia.com 网站分析：“重要的是要注意道德义务债券，政府提供的附加担保只是道义上的，并不具有法律约束力。然而，誓约一般被视为‘可信的’具有法律约束力的承诺，因为如果未能兑现承诺，发行政府将面临负面信用评级影响。” 1998年，在华盛顿州斯波坎市河岸广场停车场案件中，道德义务债券违约导致所有斯波坎债务评级下调，以及旷日持久的诉讼案。斯波坎市政府最终授权发行具有约束力的一般收入债券以平息官司。见 www.publicbonds.org/public_fin/default.htm。

话向各学区示好。他们悄声说着有关金融业的各种甜言蜜语，比如伦敦银行同业拆息率、基点、利差、按市价计算、发行成本、静态和受管理的投资、套利、份额、信用证、抵押率和备用票据购买协议。一段时间后，董事会成员们也开始使用这类术语。诸如“百万”、“美元”等词汇已经从他们的词汇库中消失，取而代之的是“二十”和“三十”（即两千万美元和三千万美元）。或许这些俚语和技术术语也在一定程度上分散了相关领导对其财务决策风险性的关注。

和其他恋情一样，一开始一切看上去都很简单。大家都互相信任。正如一位肯诺夏董事会成员在就一次重要的授权进行投票前对经验更丰富的同事们所说的：“对于金融，我是外行。所以，如果你们认为应该这么做，那我就听你们的”。[1]

在听过七次会议录音后，不难注意到学校领导们开始对诺雅克言听计从，并承认自己无力提出一些基本或苛刻的问题。因为没有人希望自己被其他人当成笨蛋，尽管所有决策人基本上都不是“金融行家”。学区领导们从来没有提出过“这些金融产品的回报率与政府担保的证券的回报率相比，哪个更高？”或者“如果华尔街发生危机，我们会损失多少？”等问题。除非您是伍迪·艾伦（Woody Allen），否则就不要在恋情刚一开始就谈分手这种晦气的问题。在进行投票时，没有人表示异议。[2]需求方和供给方确立了合作关系。

对威斯康星州的几个学区来说，这笔交易安全无虞。他们将把资金聚在一起，以提升其“购买力”。他们将借入更多资金（金融大佬们称之为“举债经营”）并将之投资于一种名为“合成型债务抵押债券”产品，为期 7 年。2006 年 7 月 24 日，诺雅克在交给学

〔1〕肯诺夏学校财务委员会 2007 年 5 月 8 日视频录像（25:15 分）。

〔2〕为了公平起见，在 2007 年 5 月 22 日举行的肯诺夏董事会会议上，哈吉克宣布他将投票反对为信托基金贷款 2000 万美元的议案。他希望多花些时间把事情搞清楚。大家都赞同其做法，该议案被搁置。2007 年 6 月 26 日，该议案再度被提出，并全票通过。

校董事会的文件资料中展示了他们为退休职工福利而设的信托基金是如何通过借贷和投资 8000 万美元而在 7 年内增值 900 万美元的。这些债务抵押债券产品的回报率高出借入这笔资金的成本的 1%。学校借款越多，他们得到的回报就越多。实际上，这根本就是意外之财。真实情况会是如此吗？

仅是这笔交易的复杂性就应当让投资者止步。他们新购买的“浮动利率信贷挂钩担保债券”的复杂性远高于联邦保险保障的定期存款或国库券。事实上，这类产品比以往他们购买或卖出的任何金融产品（单独或集体）都要复杂。但诺雅克处心积虑地让这笔交易看上去很简单、慎之又慎。

当情况恶化，诺雅克被五个学区告上法庭时，递交法庭的文件显示，这几个学区共投入了 2.023 亿美元，其中 3730 万美元为学区原有基金（其中大部分是通过所在城镇的普通信用担保债券筹集的），另外 1.65 亿美元为贷款，贷款方是爱尔兰的 Depfa 银行——隶属于一家规模更大的德国银行。扣除费用后的净投资为 2 亿美元。学校领导们利用这部分资金购买了三种不同债券，分别是加拿大皇家银行的债务抵押债券型金融产品——Tribune Series 30、Sentinel Series 1 和 Sentinel Series 2。华尔街耍了一个小把戏，让人们相信高额回报不是天方夜谭。

但如果华尔街崩盘，学校董事会的投资价值跌至其贷款价值以下呢？学校领导甚至没有提出过这样的问题，不过诺雅克已经准备好了答案：“如果我们相信所有投资评级公司的预测，你还是能够得到 10%……破产。你说的那种情况，我只是假设那应该是萧条期，不过我不是经济学家。”[1]

这些学区似乎全然忘却了风险，即使他们第一笔投资所获得的回报非常令人失望。诺雅克此前预期锁定的回报率和他们最终得到的回报率之间有着巨大的差距。投资债务抵押债券的初衷是获得

〔1〕肯诺夏学校财务委员会 2007 年 5 月 8 日视频录像（23:00 分）。

大大高于借贷成本的回报率。两者之间的差被称为“利差”。您应该在每个季度收取利差所得，然后进行再投资。诺雅克此前预测债务抵押债券产品将为各学区带来高于借贷资本约 1.5% 的收益率。而在第一次购买的总额为 2500 万美元的 Tribune Series 30 产品中，利差为 1.02%；第二次购入的 6000 万美元的债务抵押债券产品 Sentinel 1 的利差仅为 0.67%；最后一笔金额为 1.15 亿美元的 Sentinel 2 产品的利差为 0.82%。当时各学区的想法是，在 7 年后赎回债务抵押债券时（就像普通债券一样），他们能够有足够的资金偿还 Depfa 银行的贷款，以及镇上发行的普通信用担保债券。当然，前提是假设债务抵押债券在 7 年内安全、稳健。

不幸的是，债务抵押债券并不是诺雅克之前认为的那样安全的投资方式。《纽约时报》分析称：

> 就算只有 6% 的债券……成为不良资产，那么威斯康星州的教育工作者们就会损失所有的资金。如果不出现债券违约的情况，那么这些学区在还清所有债务后，每年可获得约 180 万美元。通过对比就能发现，债务抵押债券产品所给予的回报只不过比购买 3500 万美元超级安全的国债高一点——国债每年支付约 150 万美元，而风险几乎为零。[1]

但这种比较没有包含这类交易的真正高明之处，及其对当地学校领导的巨大吸引力。购买安全的国债需要学校通过普通信用担保债券筹集 3500 万美元——这部分资金他们需要偿还，同时还需要向债券持有人支付利息。事实上，如果该地区进行这类投资，那么他们将不得不支付比国债收益高得多的利息。从这点来看，那种投资毫无意义。

债务抵押债券交易尽管复杂，但似乎具有巨大的优势：当 7 年

〔1〕杜赫与多尔蒂。

期满后，这种产品不仅每年可以创造 180 万美元的收入，还可以支付所有普通信用担保债券利息以及债务本身。也就是说，债务抵押债券的回报将涵盖从 Depha 借入的 1.65 亿美元的贷款及学区通过普通信用担保债券筹集的 3500 万美元资金。总而言之，这笔交易应该每年创造 180 万美元的纯收入。而这就是虚幻的金融业给人们画的大饼。

哈吉克肯定是深陷梦境难以自拔。他声称："大家都知道纽约的那帮人正在通过这种交易创造出大把的钱财。我们也可以去捞一笔，这并不难理解。"[1]

威斯康星州的学区领导们没有意识到他们对这一桶金的追求已经为两大恶性问题的产生埋下了伏笔。首先，镇上的长老们现在陷入一系列复杂的、为银行家和经纪人创造了可观收入的金融交易。学区需要支付发行普通信用担保债券的费用，需要为这种付款支付服务费用，需要为借入购买债务抵押债券的资金支付费用，需要为购买债务抵押债券支付费用，需要为募集清偿贷款的款项支付费用，需要为分配债务抵押债券付款支付费用，等等。有些人会通过这一系列交易致富，但威斯康星州的五个学区却不在其中。

其次，当小鱼试图与大鱼一起游戏时，它们最好做足充分的冒险准备——被吃掉。

交易双方都没有，至少在学区一方，没有明白这其中深层次的含义。他们可能也没有机会搞清楚，因为详细的文件——"缩编后的招股说明书"——在交易完成数周后才送到他们手中。不过就算他们看到了，估计也不会明白。这段供需之间的恋情的结局超出了每个人的理解能力。会议室里的"专家们"（双方）看似都非常谨慎、信心十足且很有见地。但实际上，就连诺雅克也不知道自己正在销售的是什么，而哈吉克、雅迪尔等学区领导也不知道他们购买的究竟是什么。可能双方都认为他们买卖的只是一些由评级很高的公司

〔1〕杜赫与多尔蒂。

债券组成的一种共同基金。[1] 但其实不是。

这件事不能全部归咎于威斯康星州的学区领导们不了解这类交易，因为他们是在与一种有史以来最复杂的金融衍生品——合成型债务抵押债券打交道。合成型债务抵押债券由另外两种衍生品——债务抵押债券和信用违约掉期（CDS）——组合而成。美联储主席本·伯南克（Ben Bernanke）称这种金融产品是“特殊和晦涩难懂的”。投资大师沃伦·巴菲特（Warren Buffet）形容它是一种“大规模杀伤性金融武器”。[2] 换句话说，这种产品是虚幻的金融行业中最耀眼但却最危险的假象之一。

正如我们接下来将看到的，这些投资在其设计和执行过程中都显得非常神秘。最“特殊的”特点之一是，这些证券根本没有给予买方任何实际的所有权。买方没有像购买股票或债券时那样获得一家公司的股份。相反，在根本没有意识到的情况下，这些学区摇身一变，成为价值数万亿美元的金融保险业的一分子。（严格来说并不能称之为保险，因为保险受到法律的严格监管。）实际上，这些学区已经将总金额高达 200 亿美元（译者注：2 亿美元）的自筹资金和贷款为由加拿大皇家银行持有（或押宝）的债务上了保险。而这些债务包括一些很让人头痛的部分：家庭资产贷款、租赁、住宅按揭贷款、商业按揭贷款、汽车贷款应收款、信用卡应收账款和其他债务。[3] 从技术上讲，诺雅克先生称学校不会拥有任何次级债的说法可能是对的。因为其实他们什么都没有。相反，他们已经同

---

〔1〕针对这些复杂的投资，各学区仅获得了最低限度的信息。例如，在 2006 年 7 月 26 日 Stifel Nicolaus 公司交给各学区的一份文件的第 5 页中，有一个名为“合成型债务抵押债券流程图”的图表，其中只概括性介绍了合成型债务抵押债券的一些特点。而这需要找一份经验丰富的专家才能够根据那张图表理解合成型债务抵押债券的含义。但这时冒出来的却是该信托将获得“AA 评级的注释”，而他们将之与“100+ 公司”的“投资评级公司债务”挂钩（公司因行业和地区不同而变化）。总之，这张流程图给人的感觉是，这次投资的对象好像是一种包含多种不同的 AA 级投资评级债券的基金——很像由公司债务组成的债券基金。其实不然。

〔2〕沃伦·巴菲特评金融衍生品，节选自伯克希尔哈撒韦公司 2002 年年报，www.fintools.com/docs/Warren%20Buffet%20on%20Derivatives.pdf。

〔3〕五个学区向经纪公司追讨 2 亿美元。

意为垃圾债券承保。他们希望每个季度获得的收入就像是收到已经将其赌注押宝在垃圾债券上的加拿大皇家银行寄来的保险费。

更重要的是，虽然合成型债务抵押债券被给予 AA 评级，就像诺雅克之前吹嘘的那样，但问题是这些评级都是假的。债务抵押债券的基础是数量众多的垃圾债券——已经按照风险分割成不同的部分。最上层部分风险最小，而底部的风险最高。在诺雅克和各学区毫不知情的情况下，各学区筹集的 2 亿美元资金被悄悄地用于为接近最底部的那部分垃圾债券承保！如果违约率达到 6% 左右（目前的情况已经很接近这一数值），那么他们将支付索赔费用。无论是精明的大卫 · 诺雅克、信心满满的马克 · 哈吉克，或是忧心忡忡的肖恩 · 雅迪尔，好似对这种可怕的现实都不甚了解。

但池子里的大鱼们，也就是那些债务抵押债券的创造者和顶部的商贩们，却很清楚自己在做什么。加拿大银行获得了 1120 万美元的前期费用（这就对了！银行实际上购入了保险，而学区却需要向银行支付前期费用，为的是获得为其垃圾债券承保的殊荣！）投资销售公司领走了 120 万美元的佣金。我们不知道 Depfa 银行究竟从这笔贷款中获得了多少利润，但数额肯定非常可观。

白鱼湾和其他几个学区也得到了一份大礼：几乎所有的风险。如果垃圾债券的违约率升至 6% 以上（在笔者写这篇文章时已经接近这一水平），几个学区将损失其最初投入的 3730 万美元。他们也将很快损失从 Depfa 借入的 1.65 亿美元。只要违约率达到 6%，他们 2 亿美元的投资将全部用来支付加拿大皇家银行的保险理赔。而各学区仍将完全承担 Depfa 银行的 1.65 亿美元贷款债务，此外还有为筹集 3730 万美元资金而发行债券的抵押债务。由于目前完全违约风险预期非常高，导致肯诺夏地区所有债务抵押债券投资（3560 万美元）的价值截至 2009 年 1 月 29 日只剩下 92.5 万美元，而此前这部分投资的市值约为 3657.5 万美元。[1] 现在各学区仍在

〔1〕加里 · 库西尼奇，“联盟：要求联邦政府承担债务抵押债券”，2009 年 1 月 1 日，www.kenoshanews.com/scripts/edoris/edoris.dll?tem=lsearchart&search_iddoc=4290978。

支付高昂的费用——不仅给银行家，还需要给律师，因为他们已经就本次交易提起诉讼，希望撤销交易，挽回损失。[1]

白鱼湾学区的商业服务总监肖恩·雅迪尔说："这件事将让我抱憾终生。"[2]

有这种想法的并不只有他。来自全国公共广播电台和《纽约时报》的报道称："威斯康星州的学校并不是唯一踏入这一如此复杂的金融产品陷阱中的受害者。自 2005 年以来，已经有超过 1.2 万亿美元的抵押债务债券产品出售给了各类买家，其中不乏许多城市和政府机构……"[3]

这些公共机构不应该受到保护吗？或许应当出台一条规则禁止投资公司向数以千计的学区推销此类高风险证券。但是迄今为止，这些"特殊和晦涩难懂的"金融证券仍然完全不受规管控制，也没有制定这方面的任何规则。

白鱼湾、肯诺夏和其他三个学区走错一步，导致满盘皆输。他们太过天真。正如马克·哈吉克所说，他们看见华尔街在大把捞钱，因此也想分一杯羹。但他们错了，我们都错了。

我们意识到有些地方发生了严重的问题，不只是白鱼湾，而是我们的整个经济。兜售给"威斯康星州五个学区"的垃圾债券和全球金融体系崩溃之间有着必然的联系。实际上，如果我们能够完全了解大卫·诺雅克出售给白鱼湾的金融产品是什么以及原因，我们也就能理解为何经济会崩溃，以及需要哪些改变来防止类似危机再次发生。

我们的研究还涉及金融业的繁荣和萧条，包括曾经的大萧条。而我们这些胃口强劲的求知者还将了解到更多关于债务抵押债券、CDO 的平方（CDOs-squared）、合成型债务抵押债券和信用违约掉期等毁了白鱼湾的特殊金融工具——远比我们曾经希望知道的

〔1〕诺雅克与各学区合作，因此并未被起诉。
〔2〕杜赫与多尔蒂。
〔3〕同上。

要多。

随着本书的深入，我们将看到银行家、投机商和销售人员是如何通过向全世界兜售风险将数亿美元中饱私囊的——就好像这是一批可预测的瑞士手表。我们不解的是为何艾伦·格林斯潘、罗伯特·鲁宾和本·伯南克极力维护这些危险的金融工具，让其一直处于规管之外。

我们将剖析自由市场主义者的“逻辑”，他们声称崩溃是无偿还能力的低收入购房者的过错。我们也惊叹于在金融危机到来时，前财政部长亨利·鲍尔森（Henry Paulson）及其同僚如何大开美国国库之门，奉上1万亿美元让华尔街脱困……以及更多。

一旦我们把所有拼图碎片拼接在一起，我们就将利用我们的新知识制定改革方案，这种方案或许能够让我们免受如威斯康星州和美国其他地区，乃至整个世界所遭受的虚幻金融业带来的混乱之苦。

第二章

虚幻的金融业之铁律

白鱼湾最富有的居民与回过头来反噬他们的资产毒垃圾之间存在着一种意外的联系。这个故事开始于 20 世纪 70 年代初，当时我们的经济发生了一种奇怪现象：一条经济学铁律开始崩溃。

那时，我刚刚考入研究生院，在那里我了解到，工人的工资（就是扣除通货膨胀后的“实际”工资）与劳动生产力——每小时的产量——挂钩。教授们众口一词地一边批评我们一边向我们灌输：生产力和实际工资是一个硬币的两面，不可调和。因为工人们每小时生产出了更多的商品和服务（即提高了生产力），因此必须给他们涨工资。原因何在？因为生产率提高了，公司将通过雇佣更多工人的方式提高利润，这反过来推高了劳动力的价格。教授微观经济学的老师甚至认为其他力量，如集体谈判，并不能真正改变这种劳资关系。举例来说，如果工会出面，促使工资上涨速度快于生产力，那么就将引发通货膨胀，导致实际工资回落；或雇主开始裁员，导致劳动力供给量增加，从而促使劳动力价格下降。

理论上的确如此，而真实的证据也摆在我们面前——第二次世界大战后的生产力和工资数据可以证明。随着每位工人每小时产量的提高，工人的平均实际工资也同步增长。年复一年，比例几近完美。

自从美国资本主义意识形态的优势在二战后得以巩固，这条铁律便凸显了美国资本主义的经济实力和内在的正义。工人的人均产出不断上升，以国内生产总值（GDP，我们所有商品和服务的价值）衡量的经济在持续增长。而随着工人实际工资的不断提高，平均每个工人家庭可以购买更多他们生产的商品和服务。我们的生活水平稳定而快速地增长，这是世界上其他地方无法相比的。总之，我在研究生院学到的经济学铁律是美国梦的基础。年复一年后，那些按照自由企业规则努力工作和办事的人的生活将慢慢好起来，并代代相传，一代更比一代好。

但突然之间，一切都改变了。我们发现，生产力和工资之间不再拥有必然的联系。我们震惊不已——现在仍然不能平静。变化始于 20 世纪 70 年代中期，生产力仍在时快时慢地提高——在过去的 30 年共增长了 94%。但工人的工资从 1973 年开始持平，至今仍然保持不变或有下降趋势。

以实际美元计算（通货膨胀调整后），目前非管理层工人的实际所得低于 1973 年。参看图表 2，图中列明了假设实际周薪与生产力一直保持同步增长，实际周薪的数值（最上面一条线是根据生产力指数转换成的工资，所以它也被称为“生产力增强工资”）。两条线在 1947 年至 1973 年前后十分贴近。然后，它们开始分道扬镳，其中平均实际工资开始失速，随后下降。

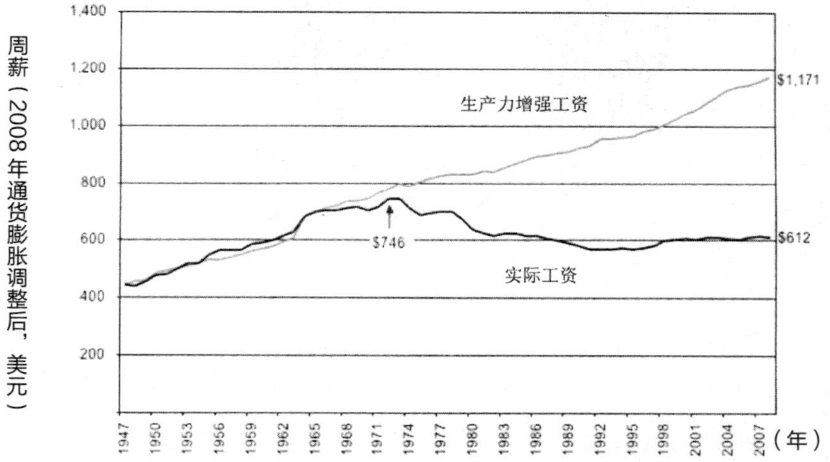

图表 2　**美国的实际工资与生产力增强工资**

来源：作者对劳动统计局数据的计算结果。

到 2007 年，实际工资（以目前的美元计算）已经从 1973 年的每周 746 美元峰值状态降至每周 612 美元，跌幅达 18%。如果工资与生产力同步增长，那么目前非管理层工人的平均实际工资应当为每周 1171 美元——其年薪应该是 60892 美元，而不是目前的平均 31824 美元。

再考虑一下它的影响。虽然工资不再增加，但工人每个小时的生产力却越来越高。正因如此，经济仍保持增长，工人每个小时生产出的商品和服务比以往更多。这些商品和服务的货币价值必须找到去处。很显然，工人们并没有把这部分钱带回家。那么，它们进了谁的腰包？

也许，这部分神秘消失的奖金用来支付我们的福利了，例如医疗费用。大家都知道，医疗成本大幅上涨。但是，我们失去的那部分工资真的是用在这儿了吗？

答案是否定的，有数据为证。图表 3 调查了所有工人（农民除外）真正获得的时薪总额，其中包括由雇主负担的每位员工的各项成本——工资、退休金、医疗保健、休假、带薪假、失业保险、残疾和社会保障等。很显然，1973 年后出现的工资与生产力之间的差距仍然存在。目前，我们获得的实际平均时薪是每小时 25 美元左右，其中包括所有福利，说明自 20 世纪 70 年代初开始，这一数值的增幅很小。如果实际平均时薪与生产力同步上升，那么目前应该是每小时 41 美元左右。这说明约有 16 美元 / 小时的生产力奖金不知去向。

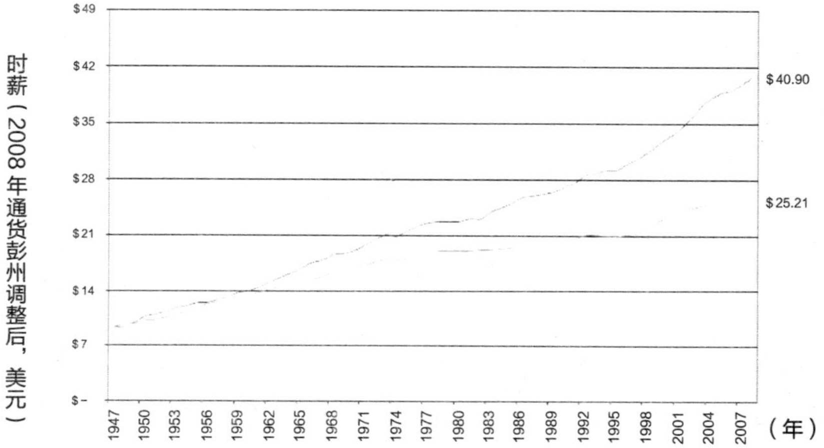

图表 3　**美国非农业部部门的实际时薪总额与生产力 1947—2008 年（第三季度）**

来源：作者对劳动统计局数据的计算结果。

我敢肯定您已经猜到了这部分奖金的去向：几乎全部被资本所有人——最富有的“投资者阶层”——窃取了。1973 年，1% 的高薪阶层的收入占全国总收入的 8%。而到了 2006 年，这 1% 的高薪阶层拿走了近 23% 的全国总收入，为 1929 年以来的最高水平。[1]

---

〔1〕伊曼纽尔·塞斯，“追求财富：美国高收入的演变（更新采用 2006 年初步预估数据）”，2008 年 3 月 15 日，取自于图 2 将十分位美国收入分解为 3 类，1913-2006，http://elsa.berkeley.edu/~saez/saez-UStopincomes-2006prel.pdf 第 7 页。

由于实际工资停滞不前，越来越多的家庭不得不依靠两个人工作来维持生计。除了增添第二个劳动者外，个别劳动者还增加了第二职业，而且工作时间延长。1950 年至 2005 年间，平均每对已婚夫妇每年的工作总时数增加了 25%。[1] 然而，如图表 4 显示，即使工作时间延长了，劳动阶层的家庭收入在过去的 25 年中也只是适度增加，或根本没有增加。显然，我们的生产力收益都流进了富人的口袋，其中包括那些居住在白鱼湾密歇根湖畔豪宅中的富人。

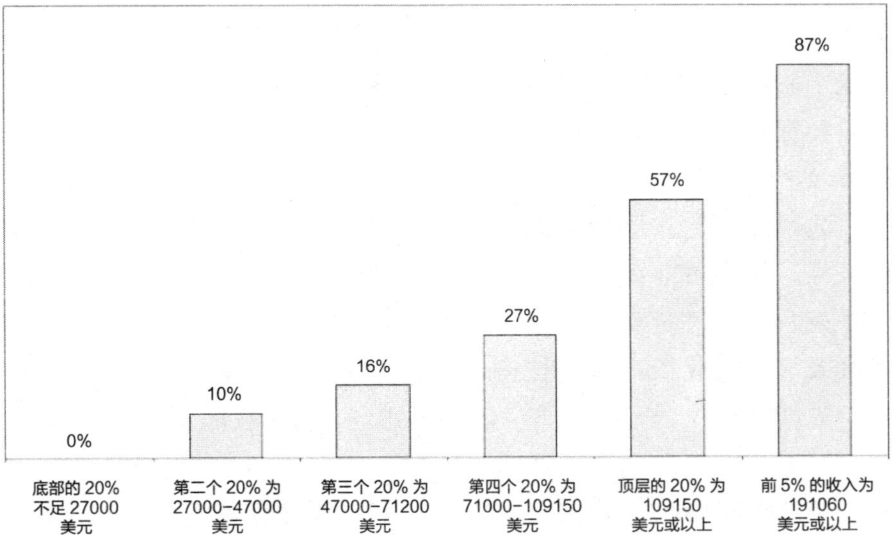

图表 4　**按五分位和前 5% 计算的实际家庭收入变化，1979-2006 年**

来源：美国人口普查局，历史收入表 F1，F3。

美国共有 9400 万非管理层工人，他们没能得到公平分享自己提高生产力的战利品。仅最新一年的估算——工人们应该得到的和

〔1〕艾伦·R. 麦克格拉顿和理查德·罗杰森，“1950 年后，家庭工作时数分配变化”，明尼阿波利斯联邦储备银行研究部门工作人员报告 397，2008 年 4 月，www.minneapolisfed.org/research/SR/SR397.pdf 第 6 页。

他们实际得到的报酬（工资和福利）之间的差距一年就达到惊人的3万亿美元——相当于美国所有工人人均32000美元左右。这笔资金的绝大部分进了世界各地投资者的腰包。

那些富有的投资者究竟用我们的钱做了些什么？他们自己消费了一部分，这点是可以肯定的。尽管如此，他们也只能买那么多房子、汽车和飞机而已。其实，富人们将绝大部分不劳而获的奖金进行了投资（让钱生钱……然后再花钱，这种感觉更好。）。

其中一部分资金被投资在了工厂等传统领域，还有一部分流入了新兴的科技企业。但在全球范围内流动的闲散资金数额极其庞大，以至于脱离了“实体”经济投资的范畴，大多流入了高级金融业。美国和全球各地的投资者精心制备了多种花哨的金融工具，它们与实体经济的关系非常脆弱。

试想一下，实体经济需要在地面上的某个地方生产有形的商品和服务。而金融业则是大气——云与空气等让我们地面上的实体经济呼吸，并通过贷款和其他方式获取资本、不断发展的元素。这种金融大气与实际生产直接挂钩，因为所有贷款其实都是对全球经济实际资产的债权。金融“空气”由金融市场（通常被称为“资本市场”）和金融工具（“股票”、“债券”等）等元素组成，它们将移动资本从所有人手中转移到需求人手中——至少在理论上如此。金融空气为需要资金的企业注入资金。新公司可以获得所需的启动资金；企业和消费者能够获得信贷以购买商品和服务，不然他们负担不起。

为了保证正常运行，我们的经济需要适量的金融空气。如果“空气”不足，银行将无力应付需求。一旦银行停止贷款，就会爆发金融危机——就像现在这样。但是，金融空气也可能过多，超出地球上实体经济能够消化的数量。待条件成熟时，那部分过剩的金融空气将制造一场凶猛的经济风暴。

如果我们把自1973年以来所有工人们应得但却没有得到的生产力奖金全部加起来，就很容易理解为何金融业把持的天空充斥着资本的阴云——它们都想找一个落脚处。虽然其中有一部分进入了全球的实体经济，但其余数万亿美元的剩余资本则进入虚幻的金融赌场。《华尔街日报》的记者格雷格·易普（Greg Ip）和马克·怀特豪斯（Mark Whitehouse）在2005年撰文写道：

“目前，世界各地出现了一次前所未见的资本流动浪潮，所有人都急切地搜寻着能够获得更好回报的途径。全球的养老、保险和共同基金的处置资产高达46万亿美元，较2000年增长近1/3……”

其结果是，全球投资者都冲向了各种高风险资产：新兴国家的股票和债券、房地产和房地产抵押债务、商品基金、艺术品、购买非公有制企业股份的私募股权基金，以及名叫衍生品的投资合同，其中包括一种允许承担巨大债券风险的复杂结构。”[1]

为了吸收这类剩余资本，金融机构发明了大量崭新的金融工具，以供富人们购买。短短几年后，那些备受青睐、收益很高的投资变成资产毒垃圾，并将我们的经济拖入严重且危险的衰退境地。

故事讲到这里仍然有些奇怪。由于华尔街借着他们发明的新型金融工具一路高歌猛进，能够借贷给劳动阶层的资金也更多。那些因为没有获得应得生产力奖金的工人们的工资已经落后了几十年，现在真正开始讨还欠债——以抵押贷款、信用卡债务、汽车和助学贷款等形式。我们现在要把自己的钱讨回来！

图表5显示了我们的债务增加情况。从1960年前后到1985年的所有时段，我们在一年中所赚的每一美元（税后）都负债60美分左右。但随着生产力工资差距的拉大，我们借的钱越来越多。截至2006年，我们所赚的每一美元负债已达1.27美元。

---

〔1〕格雷格·易普与马克·怀特豪斯，“‘全球博弈游戏’—巨量资本投资激化全球风险：企业和外国储蓄资本追逐资产，进而抬高物价，降低回报率”，《华尔街日报》，2005年11月3日，http://newsgroups.derkeiler.com/Archive/Misc/misc.invest.stocks/2005-11/msg00223.html 第1页。

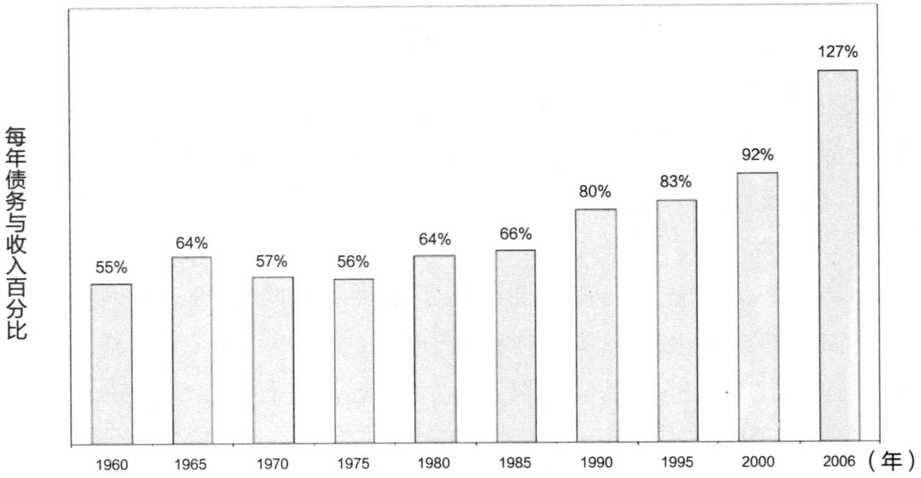

图表 5　**美国的家庭负债与收入百分比**

来源：联邦储备委员会和经济分析局数据。
网址：www.demographia.com/#econ。

但这种家庭债务不断上升的水平是不可持续的。劳动阶层能够担负的用来购买更多商品和服务的债务是有限的。当达到极限时，消费者的需求下降、经济开始疲软。

但这并不是导致我们的经济急转直下的主要原因。远非如此。实际上，富人们从我们手中窃取的大量剩余资本并没有作为负债被我们收回。还有很大一部分仍以“特殊和晦涩难懂的”投资方式高挂在金融天空上，其中包括被推销给威斯康星洲五个学区的、曾被认为是坚如磐石的合成型债务抵押债券。我们的故事讲述的是这些新型金融投资方式是如何被发明，以及如何变成毒垃圾，最终压垮了金融部门乃至整个经济的。

为了表达对白鱼湾的敬意，我提出一条新的经济铁律，它与我在研究生院了解到的那条铁律有着很大的不同。我将其归纳为：当我们默示剩余资本被少数人掌控时，这笔钱将被吸入一个虚幻的金融赌场，最终导致经济崩溃。而其中更不幸的是：当该赌场倒闭时，我们还需要再次付出代价，不仅失去工作和退休金，还要将缴纳的税款用于救助那些原本毁了我们经济的大型金融机构。

我们将在最后一章探讨究竟是何原因导致 20 世纪 70 年代初工资与生产率的分裂，以及如何缩小这种差距。但首先，我们将仔细审视这场金融“创新”。它为社会带来的是贡献或只是一场复杂的轮盘赌游戏?

第三章

华尔街的“创新”与赌博之一体两面?

威斯康星州五所学校希望自己的钱能够生钱。其实，他们原本希望用借来的钱生钱。对于这种方式是好是坏的问题，人们已经争论了相当长的时间。

金钱的出现大约可以追溯到9000年前。第一种货币是奶牛。在开始培植农作物以前，我们的祖先靠驯养野生动物为生。其中一些种类（公牛和瘤牛）被驯化为普通的家畜牛，为人们提供食物和牛奶，同时也是一种运输工具。这些牛也成了我们的第一个交易工具。

显然，人类从一开始就对交易情有独钟。我们喜欢以货易货。如果这其中还有什么其他原因的话，那就是我们想要交换我们没有的物件。但随着我们的社会变得日益复杂，计算每笔以货易货交易的确切数额也变得非常繁琐。因此，牛便成为交换的通用媒介。其他物品的价值根据一头牛的价值来衡量。一头牛可以换一定数量的矛或其他所需物品。

中国人最先制造了硬币状的物品，人们可以将这些物品轻松地装进钱包（牛肯定不行）。他们开始用贝壳作为通用媒介，那些像瓷器般闪闪发光的海贝壳很容易携带和传递。它们的美丽也使之富于内在价值。在非洲，人们认为贝壳拥有神奇的力量，并且和生育有关。

古希腊历史学家希罗多德（Herodotus）指出，公元前687年，吕底亚王国（位于今土耳其西部）使用的是铸造硬币。历史学家们认为，这可能是第一个系统使用铸造货币的社会。在短期内，如黄金和白银等装饰用金属成为交换的标准工具。

人们或许在很早以前就开始跟放贷打交道：我现在把多余的一头牛给你，等以后你再还给我一头牛；或者你在每次新月出现时给我一大抱小麦，连续12次。但到了某个具体的时间点——历史学家们也不知道具体时间——人们产生了收取利息的想法：我现在可以把多余的一头牛给你，可是你明年必须再还给我一头牛，外加每个月一大抱小麦（利息或许也已经开始计算，因为动物可能在放贷期内繁殖。可是小牛该给谁？）。

早期，我们勤劳的祖先们担心那部分从放贷中赚取额外财富的人会对社会造成不良影响。放债人常常被视为榨取那些为维持生计而努力工作的劳动者血汗钱的邪恶之徒。早在公元前，人们对劳动收入和非劳动收入已经划分的非常清楚。但更重要的是，他们担心借贷给社会造成的后果：负债人可能会成为其债权人的奴隶，进而破坏社会秩序的稳定。

利息的概念约在4500年前被纳入美索不达米亚地区的法典，当时，这一地区已经发展出了一种依赖分工的城市文明。乡下种植小麦的农夫、渔民和牧民为城里的工匠、祭司和政府官员们供应食物。寺院以及后来的中央政府将农村地区的盈余（税收为农产品）征集起来，然后分配给城里的居民。每个人都必须向寺庙和国家缴纳一定的贡品（税）。如果你付不起，那就需要从其他人或政府手里借。

国王汉谟拉比（公元前1790—1752年，在位时首次使用文字记录他的法令）规定大麦和白银借贷人必须支付利息。我们找到了这些交易记录。例如，“铁匠Igizi”欠720升大麦，类似情况还有

“牧羊人 Kikuli”和“农夫 Ur–Hamazida”。[1] 也有个人与个人之间借贷。借贷往往用于弥补收入缺口。有时也用于购买彩礼。借贷占了书面记录的很大一部分，似乎无处不在。其中，许多书面借贷协议中包含了利息条款。这些记录表明，社会秩序的稳定需要政府对这些金融交易进行严格的控制。

看来，汉谟拉比和他的顾问及其臣民们懂得借贷，尤其是高利率借贷，可以奴役穷人，并让放贷人拥有过多财富。因此，法典对利率进行了专门规定：如果借入的是大麦，利率为 33.3%；如果是白银，则为 20%（这是指在借贷期限内，而不是每年。因此，对于短期借贷来说，这种利率非常高）。该法典还规定，在发生自然灾害时，将免除借贷：

> 如果一个人欠有借贷债务，但却出现暴风雨毁坏庄稼，或者没有收成，或因缺水致使庄稼无法生长等情况，则他不需要在那一年给予其债权人任何粮食，他可以在水中洗去石板上的债务，无需支付本年度利息。[2]

不过，希腊人却极不赞同收取利息的观点。亚里士多德认为这是违反自然的，也是不道德的：

> 最令人憎恶的赚钱方式，也是最根本的原因，是利息，因为它通过钱本身而不是从自然对象获益。因为钱应该用于交换，而不是生息。而利息这个词，其含义为钱生钱，适用于钱的增值——因为子孙与其父母是相似的。因此，在所有获取财富的模式中，这是最违反自然规律的。[3]

---

〔1〕马克·范·德·米尔洛普，《价值的起源：建立了现代资本市场的金融创新》——利息的发明，威廉·哥兹曼和吉尔特陆文霍斯特，编辑，纽约：牛津大学出版社，2005 年，第 19 页。

〔2〕《汉莫拉比法典》#48，www.sacred-texts.com/ane/ham/ham05.htm。

〔3〕亚里士多德的《政治学》（公元前 350），本杰明·乔伊特译，www.econ161.berkeley.edu/teaching_Folder/Econ_210a_f99/Readings/Aristotle_Politics_brief.html。

在《伦理学》中，亚里士多德把放债人归类为坏人，如“那些从事肮脏交易、恶棍和所有诸如此类的人，以及那些以高利率放债的人。这些人的所得超过他们的应得，而且取自非正常来源。他们之间的共同之处显然是，对利益有着一种肮脏的热爱。”[1]

许多希腊和罗马的哲学家也持同样观点。罗马共和国于公元前340 年完全取缔利息。

看来，每个已经使用某种形式的金钱的社会和文明都曾在利息和支付过高利息的问题上挣扎过。而其中最甚的莫过于犹太人。在希伯来语中利息一词是“neshekh”，意思是“咬一口”。在犹太法典和其他希伯来语文件中，普遍规定不得对所有犹太同胞收取利息。但对非犹太人的借贷可以收取利息，因为他们也收取你的利息。犹太法学学者们也敏锐地意识到，有数以百计的方式可以打破这一制度，如在借款方安插一名非犹太人，这样就可以借助第三方的帮助使收取放贷利息合法化。不过，他们非常担心，收取利息可能祸及穷人。而他们更担心的是复利（在一般利息原则上加入累计利息，使放贷人的利滚利）将导致更多苦难。

先知穆罕默德（公元 600 年左右）和《古兰经》对放债牟利采取了更强硬的立场：根本不允许收取利息。“你们为吃利而放的债，欲在他人的财产中增加的，在真主那里，不会增加（《古兰经》第30 章第 39 节经文）。”[2]（时至今日，仍有一些伊斯兰国家的银行严格奉行这一教义）。

在近千年的时光中，天主教教会也严重打击所有形式的放贷取息行为。首先严禁僧侣收取利息，其次是世俗之人。公元 1311 年，教皇克莱门特五世（Pope Clement V）宣布所有允许放债牟利的世俗法律无效。

---

〔1〕亚里士多德反对重利盘剥的观点，www.moneymuseum.com/standard_english/raeume/geld_machen/bank/interest/aristotle/aristotle.html。

〔2〕穆罕穆德 A. 阿萨迪，“古兰经、利息与经济”，www.quran.org/library/articles/interest.htm。

但更为复杂的现实问题却横亘在教会与国家之间。国王需要有人资助商业和战争。谁可以做到这一点?对天主教徒来说,放贷是非常危险的事,因为他们可能会因重利盘剥的罪名而被逐出教会。找犹太人?(其实,任何非基督教的少数派群体都行)。在中世纪教会权力达到鼎盛时,其禁令威力最为强大,因此,各个国家鼓励特定的犹太商人进行货币贸易。他们允许、甚至鼓励犹太货币交易商人收取高额利率。但是这中间存在一个问题:各个国家能够也的确攫取了犹太放债人累积的财富,无论是在他们生前或是死后。Jewishencyclopedia.com 网站写道:"正因如此,国王们支持犹太人,甚至反对他们成为基督徒,因为在这种情况下,他们就不能强迫他们交出从重利盘剥中赚取的钱财。为此,英国和法国的国王们要求(教会)对每一位皈依天主教的犹太人进行补偿。"[1]

随着商业化的加快,教会对重利盘剥的禁令逐步失效,天主教放款人通过各种方式进入这一领域。然而,犹太放债人的形象却流传了下来。

在宗教改革著名的"工作伦理"推动了商业兴起的同时,也开始了对利息一词的抱怨。这场宗教改革运动的发起人马丁·路德(Martin Luther)在《论贸易与重利盘剥》(1524)一文中写道:放债并希望得到较之放债更多或更好之人,显然是一个可恶的重利盘剥者,因为即使是那些只要求或期待拿回他们所放债物,而不承担其收回风险之人的放债行径,也不是基督徒所为。[2]

然而,约翰·加尔文(John Calvin,1509—1564 年)却不赞同天主教会和路德对放债取息的严格限制。随着货币的通货膨胀变得更为常见,加尔文成为第一批能够理解受通货膨胀影响,今天借出去的钱在将来收回时价值可能减少的神学家。因此,放债人需要

[1] 编委会执行委员会,刘易斯 N. 戴姆比茨和约瑟夫·雅各布,"重利盘剥",www.jewishencyclopedia.com/view.jsp?artid=58&letter=U。
[2] 马丁·路德(Martin Luther)在《论贸易与重利盘剥》,www.lutherdansk.dk/Martin%20Luther%20-%20On%20trading%20and%20usury%201524/。

收取利息以便保持收支平衡。但加尔文仍然希望对实际操作加以限制。例如，他认为只有当风险由放债人和借债人共担时，借钱进行商贸活动才是符合道义的。如果出现问题，双方都有损失，而不是不顾结果一味地让放债人获利。这种神学上的变化与国际贸易的快速崛起遥相呼应。16 世纪欧洲的航海技术大大提高，欧洲人开始在全球进行殖民统治。

随着商业变得更加复杂，金融的作用也随之加大。放债取息问题仍然存在。但是出于对社会的福祉着想，政治经济学家们首先担心的是控制的程度问题。资本主义最重要的理论家亚当·斯密试图将合理的经济原因引入放债取息。他希望进行最有效率的资本部署。他认为，如果金钱的使用效率很高，那么借钱并支付利息的方式可行。但斯密对贵族们利用贷款肆意为自己添置奢侈品的想法感到遗憾。相反，他希望借来的钱能够投资到生产型企业，使投资者获利，雇用更多的工人，并为国家创造财富。虽然斯密认为重利盘剥可能会带来问题，但解决的办法不是禁止放债人收取利息。他认为，这种做法只会更深地将人们推向令人厌恶的重利盘剥者的怀抱：

> 经验告诉我们，这种法律不但防止不了重利盘剥的罪恶，反会使它加甚，因为债务人不但要支付使用货币的报酬，而且要对出借人冒险接受这种报酬支付一笔费用。换言之，要给出借人保险，他不遭受对重利盘剥所处的刑罚。[1]

斯密可能也提出了市场“看不见的手”的观点，但他认为政府也应该插手——至少在开始出现重利盘剥时进行干预。他认为，政府应该设定利率上限——略高于市场向首要借款人收取的利率（由于这部分人拥有资产和收入，因此偿还借款的前景最好）。为何这个上限这么低？斯密写道，因为利率太高，“一国资本，将有大部

〔1〕亚当·斯密，《国民财富的性质和原因的研究》（纽约：现代图书馆，1937 年）第 339 页。

分会离开诚实的人，而转到浪费者手里，不用在有力的用途上，却用在浪费资本和破坏资本的用途上。”[1] 设定利率上限，放债人就不会冒险将资金借给那些（次级）挥霍无度的贵族，他们肯定会把这些金钱赌博吃喝一空。

卡尔·马克思（Karl Marx）则进行了更深入的阐述。他认为，银行、利息和信贷创造了一个虚幻和不稳定的金融世界。1867 年，他观察到：

> 随着生息资本和信用制度的发展，一切资本好像都会增加一倍，有时甚至会增加两倍，因为有各种方式使同一资本，甚至同一债权在各种不同的人手里以各种不同的形式出现。全部存款，除了准备金外，只不过是银行家账上的结存款项，但它们从来不是作为现金保存在那里。[2]

总之，似乎每个时代每个地方的每个人——从汉莫拉比到亚里士多德、亚当·斯密和卡尔·马克思；从希腊人到犹太人、穆斯林和基督徒——都懂得金融——钱生钱——对社会秩序造成的严重危害。而我们也在经历切肤之痛时开始重新学习这些经验教训。

* * * * *

高级金融业是否仍然在威胁着社会秩序的安定？答案与个人的贪婪或道德无关。相反，我们需要了解金融市场是如何毁掉现代经济的。首要问题是体制风险——不只是伤害个人投资者或企业的损失，而是会破坏整个经济运作的损失。

---

〔1〕亚当·斯密，《国民财富的性质和原因的研究》（纽约：现代图书馆，1937 年），第 339—340 页。

〔2〕《资本论》第三卷第五篇：利润分为利息和企业主收入。生息资本，第二十九章银行资本的组成部分，www.marxists.org/archive/marx/works/1894- c3/ch29.htm。

直到最近，已经有太多经济领域的领导和学者认为，这种风险如果不能永远消除，至少已经被大幅度削减。现代金融业可能不会犯错。决策者和经济学家们交口称赞该行业发明的创新型金融产品，这些产品驱动了该部门的快速增长并吸引了来自世界各地的资本。现在，他们口中的这些创新型产品通常被称为“资产毒垃圾”，而金融业被称为“赌场”。那么，这一行业究竟是创新的大熔炉还是超级资金中转站？这些新产品是金融业的 iPod 吗？或者只是些虚有其表的骗人把戏？

考虑一下您家里的情况。如果没有金融工具——按揭贷款——我们中很少有人能买得起房子。我们需要信贷，而且我们需要通过未来的几十年慢慢还贷。这种情况同样适用于那些初创企业或计划扩大现有规模的老企业。一般情况下，信贷推动了经济增长，保证了企业向前发展。而那些拥有资本的人对金融业最热衷的一点是所有这一切的发生只是因为这个行业正在力求使其回报最大化，和其他行业一样。对于钱生钱的追求不顾及工作、住房或共同利益。斯密所说的那只“看不见的手”将这种与生俱来的自私转化为国家福祉（一天晚上当足球训练结束后，我与一位私募经理聊天，他是我们镇上的一位资深足球大佬。我试图让他谈谈他的工作的社会效用，所以我问他，他的投资是如何帮助企业扩大规模和创造就业机会的。他看着我，给了我一个大大的、极具传染性的笑容，然后说：“莱斯，我做这个是为了赚钱。”）

但是，如果这只“看不见的手”运作正常，那么要弄清楚金融部门发明的这许多奇妙的新产品怎么会这么难？这些改善了我们世界的创新满足我们的需要了吗？这些能够让钱生钱的工具必须发挥重要的经济作用。如果它们只是虚幻的金融业精心制作的游戏道具，那么它们肯定经受不住考验。不是吗？

英国《金融时报》专栏作家约翰·凯（John Kay）将金融部门比作“一个隶属于赌场的公共设施。这个公共设施是一个支付系统，能够让个人和非金融企业处理他们的日常业务，相信他们能够支付或接受付款，并通过正常的金融交易进行借贷。”[1] 这个赌场就是一个汇集了成千上万聪明人的地方，他们试图在这里挑战各种困难。

凯认为两者缺一不可，赌场是金融创新大熔炉的一部分。实际上，他认为试图控制或消除这种赌场的做法是愚蠢的，因为该行业总是能够发明出新的方法来规避法规限制。因此，正如凯所说，如果希望拥有一个稳健的金融体系，那么就必须接受这种赌场的创新。

但是，如果凯的说法正确——我们更希望他错了——那么那些奇妙的创新究竟是什么？

这里有一种说法：典当行。这种机构最早出现在公元 662 年中国的一座寺庙里——至少这是最早出现在记录里的，这要归功于一本流传了上千年的当铺账簿。这里涉及的想法很简单：你给我有价值的东西，我给你钱（最初是黄金或白银）。当你还钱给我时，我再把东西还给你。这一概念从寺院传播开来，一开始是一位中国公主通过典当业务补充其收入。大约 800 年后，意大利的方济会也开始尝试同样的想法。历史学家瓦勒瑞 · 汉森（Valerie Hansen）和安娜 · 马塔 – 芬克（Ana Mata–Fink）写道，这些典当行具有“明确的目标，即给予普通百姓一种替代重利盘剥的方式……和中国的寺庙一样，它们最初并不收取利息。”[2]

这只是迈向把典当行变成一家通过抵押品进行贷款的银行的第一步。再加上利息和存款再贷款等内容，您就具备成立一个实力雄厚、可以获利的机构的素材了。

然而，当您借贷的是黄金或白银时，计息典当行贷款可能十分笨重。中国人利用下一个伟大的金融发明——纸币——解决了这个问题。他们认为金钱不一定必须是一种贵金属或一头牛。它根本不

〔1〕约翰 · 凯，“纳税人将资助另一轮赌场赌博”，《金融时报》，2008 年 9 月 16 日，www.ft.com/cms/s/0/770e2a94-840d-11dd-bf00-000077b07658.html。

〔2〕瓦勒瑞 · 汉森，“唐朝时期（618-907），中国丝绸之路上的商业活动”，《价值的起源：建立了现代资本市场的金融创新》，威廉 · 哥兹曼和吉尔特·陆文霍斯特，编辑，纽约：牛津大学出版社，2005 年，第 58 页。

需要具有任何内在价值。在公元10世纪，宋朝统一了中国的大部分领土后，经济开始大发展。随着对外贸易的扩大，作为货币的黄金和白银开始退出人们的视野。不久后，商家们开始使用便宜的金属，如青铜，最后是产量丰富的铁。[1]把大量的铁运到市场是极其费事的。因此，一些聪明的商家想出了纸质账单。1024年，国家开始介入并发明了第一种官方纸币，同时控制其流通数量并保证其价值。

不得不说，这真的是一个伟大的壮举。用一张不名一文的纸来作为交换手段，这种做法至今仍让人惊叹不已。您从口袋里掏出这种没有任何价值的小纸片，然后有人就会给您一杯拿铁——这都是因为政府说，它的实际价值比所使用的纸要高。这是一种基于信任的货币（以我们目前的技术而言，电子货币也将在事实上消灭纸币，使之缩减为无实体的电子脉冲）。

到目前为止，我们已经了解了典当行（银行）和纸币等金融创新。从某种角度来说，这些发明无法激发我们对印刷机或灯泡有过的那种敬畏。但是，现在我们不谈这个问题。

当谈及欧洲的贸易时，就必须说明这个职能型资本市场带来的真正意义重大的创新。在这里，各行各业都能够筹集资金，主要途径是购买和出售金融工具（我们将在下面说明）。这一创新赋予了金融部门耀武扬威的权利，因为它能够让人们筹集企业（包括战争）发展所需的资本，从而扩大经济活动、增强国家权力。金融专家立刻提醒我们，资本市场所提供的风险投资对开发新产品和服务来说绝对至关重要。没有资本市场，就没有高速互联网、没有笔记本电脑，也没有百忧解（一种治疗精神抑郁的药物）。

两大重要的创新走到了一起，产生了职能型资本市场。第一种是政府债券。第一种真正意义上的可以进行买卖的公债债券由意大利的城邦发行，这些城邦因相互之间以及与其他地中海沿岸各国之

[1] 这被称为格雷欣法则，即劣币将良币逐出流通领域。货币贬值导致更多黄金和白银积聚，进而促使短缺更加严重。

间的战争而背上了巨大的债务包袱（实际上，战争通常也是政府债务的推动者）。威尼斯、热那亚和佛罗伦萨都急需用钱，但他们早就榨干了臣民的所有钱财。于是，他们想出了一个更好、更伟大的办法——向人们出售债券并支付利息。起初，城邦统治阶层强制人们购买这种债券。然后，他们意识到，他们可以通过发行和出售政府担保债务的简单方式吸引富裕的居民投资。他们可以一年只派发几次利息，从而让这一计划显得非常实惠。这样以来，就可以在短期内毫不费力地筹集大笔资金。债权人可以购买债券，而最重要的是，他们可以将其进行转售。到了 15 世纪晚期，这三座城邦都发行了某种形式的可转让政府债务产品。这些债券不仅为发动战争筹集了现金，同时也将富裕的居民与国家的命运紧密相连。每个拥有政府债务的居民都是政府福祉的有形股权所有人。

虽然意大利发明了第一种可转让政府债券，但却没有发展出成立一个完全成熟的资本市场所必需的另一种成分：公司股东。成立于 1602 年的荷兰东印度公司成为世界上首家发售股份的公司。该公司由荷兰政府组建，目的是对上百家竞相从荷兰港口城市远赴远东地区的航运企业进行系统化管理。荷兰东印度公司通过发行股票为每个参与者提供了启动资金。该公司由一个董事会管理，其成员包括每座城市的代表。规模最大的阿姆斯特丹市的董事人数最多。最初，股份（说明买方所有权的法律文件）只能由该公司赎回。后来，二级市场逐步发展，也可以开展买卖股份的业务。

荷兰东印度公司的这种股份买卖为第一个股票市场的成立奠定了基础。这些股票不仅可以出售，还可以用作抵押品进行贷款，以资助其他企业。这其中产生了现代金融交易的所有手段。该公司的航运企业参加了一场赌博。不仅利润以及其后的分红根本没有任何保证，付款的时间也不确定。不久，一部分具有创新精神的家伙意识到，根据目前商定的价格在未来进行股票交易也许行得通。

这样一种未来交易的方式是对不确定性的一种规避。它将锁定持股人的资金，同时给予买方在未来股息滚滚而来时多赚一笔的机会。这种锁定未来价格的做法也有助于保护那些已经将其股份作为贷款抵押品抵押的持有人的股票价格。[1]

虽然荷兰的这个股票市场欣欣向荣，但第一个完全成熟的资本市场却诞生于17世纪的英国。在接下来的200年中，英国一直是世界金融市场的枢纽。英国具备了两种必要的成分：政府债券和股东公司。英国议会于1694年批准成立英格兰银行，其任务是为与日俱增的债务筹集资金。英格兰银行向民众发行债券，这种债券可以立即转让。与此同时，投资者成立了西印度公司，目的是与荷兰的东印度公司竞争。各种公司不断涌现，并忙于为新企业——特别是挖掘据说装满了财宝的沉船的公司——四处筹集资金。一时之间，潜水和疏浚公司遍布英国各地。虽然这些公司大多以失败而告终，但它们在帮助建立一个繁荣的资本市场的过程中功不可没。在资本市场中，投资者可以买卖现有股份及债券，企业家们可以通过出售新股票为新企业筹集资金。

政府债券、公司股东以及资本市场，每一个都是能够改变世界的发明，在这一点上，其贡献可以与电的发明媲美。

* * * * *

但在我们对这些突破感到过于欢欣鼓舞之前，我们需要研究一下与这些新的资本市场伴生的各种问题——泡沫和泡沫破灭。输入体制风险就可得知，早在华尔街以前，泡沫就已经存在。体制风险就是金融市场中一些看似促使金融业欣欣向荣，进而导致泡沫、导致金融业崩溃的某种东西。只有最笨的理论家才会忽视金融恐慌和“自由”的金融市场之间的历史联系。在留下一堆产物后，金融市

〔1〕比如说，我将价值1000荷兰盾的荷兰东印度公司的股票作为抵押，获得了800荷兰盾的贷款，以购买另一艘帆船。如果我的股票价格下跌，我的贷款人就希望获得更多股票作为抵押。但我可以通过购买一份约50荷兰盾的期货合约来保护自己的权益。这份合约赋予我期权（权利），允许我在未来某个特定的日期以1000荷兰盾的价格卖出我的股份。我的股票价值下跌的风险得以保障。这50荷兰盾是保证我的股票价值的一种保险策略。

场最终总是选择崩溃（学者们的研究显示，自 1870 年以来，导致一国经济缩水 10% 或以上的危机共出现 148 次，另有 87 次人均消费量降幅达到这一水平。这些危机导致的平均降幅为 21%—22%，持续时间为三年半）。[1]

第一次规模较大的泡沫和萧条出现在 17 世纪 30 年代的荷兰，即著名的“郁金香泡沫”。当时荷兰在商业上获得了很大成功且处于相对和平的时期。蓬勃发展的区域贸易使荷兰商人积累了大量财富和足以使之沉迷于炫耀性消费的剩余收入。荷兰人对名贵的郁金香品种情有独钟，因为它们是那些拥有者的财富象征。金融历史学家爱德华·钱斯勒（Edward Chancellor）这样写道：“1624 年，一株名为‘永远的奥古斯都’[2]的郁金香售价高达 1200 荷兰盾，这笔钱足以买下阿姆斯特丹运河边的一幢房子。”[3]不久后，几乎所有品种的郁金香的需求量全线上涨，从而制造出一个充满活力的郁金香交易市场。但这不是我们经常见到的那种普通花卉市场。由于郁金香只能在一年中某段时期种植，因此这个市场中的交易双方签订了未来交货合同，用借来的钱进行担保。因此，“大多数交易的对象是永远无法交付的郁金香球茎，因为它们根本不存在，而欠款单据也永远无法兑现，因为这笔钱根本不存在。”[4]这种举债经营的做法（利用大量借来的钱买东西）将价格抬高至失去理智的水平：一个“总督”郁金香球茎的价值相当于“27 吨小麦、50 吨黑麦、4 头肥牛、8 头肥猪、12 只肥羊、两大桶葡萄酒、4 桶啤酒、2 吨黄油、3 吨奶酪、一张带有亚麻用品的床、一个衣柜和一个银烧杯。”[5]

---

〔1〕罗伯特·巴洛和约瑟·乌苏亚，“1870 年以来的宏观经济危机”，《布鲁金斯经济活动论文集》，2008 年 5 月 7 日，http://www.econ.yale.edu/seminars/macro/mac08/Barro-081028.pdf。

〔2〕“据说，一种白底、带有血红色或火红色条纹的‘永远的奥古斯都’是一种非同寻常的花，一种以其美丽和稀有蜚声那个时代的花。”http://penelope.uchicago.edu/~grout/encyclopaedia_romana/aconite/semperaugustus.html。

〔3〕爱德华·钱斯勒，《贪婪时代：金融投机史》（纽约：Plume Books，2000 年），第 16 页。

〔4〕同上，第 18 页。

〔5〕同上，第 19 页。

随着价格不断攀升，谣言四起，越来越多的荷兰人和外国投资者纷纷加入郁金香投机的行列，为本已虚高的价格火上浇油。在很短的时间内，那些买卖郁金香合同的人或多或少地赚了一笔。正派的贸易商们也开始将房产抵押，并带着获得的贷款投身于这一热潮。郁金香赌场正式开张，在接下来的近一年时间里，每个人离开时似乎都赚的盆满钵满。

没有人知道为何崩溃会在1637年2月3日这一天降临。一时之间，郁金香价格暴跌，其灾难性的影响促使荷兰政府在一年后终止所有郁金香合同，允许郁金香的买主在支付合同价格3.5%之后终止合同。虽然荷兰的经济并没有因此崩溃，但许多参与者遭受了严重的损失。荷兰人对郁金香由爱生恨。

我们有近400年的时间来吸取这次市场泡沫的教训，然而我们却没有。很显然，我们很容易被致富计划蒙蔽了双眼。我们喜欢从众，追逐具有明显价值的目标。参与的人越多，我们越想跟进。随着股价飞涨，我们也想分得一杯羹，从而进一步推升价格。然后，在该目标的内在价值和现实价值之间的差距逐步拉伸直至断裂点时，人们四散奔逃。价格急转直下，导致卖得越多跌得越快。因为支撑股市上行的资金大多是借来的钱，因此当债务抵押品——购入的股票——价值下跌时，股市下行的速度必然加快。结果，人们必须抛售股票，以偿还贷款，死亡漩涡就此启动：股价下跌导致抛售更多（以便偿还贷款），这反过来又促使价格进一步下降。在经过了近四个世纪后，当时的美联储主席格林·斯潘称股市的这种上涨行情为“非理性繁荣”。〔1〕〔2〕

〔1〕1996年12月5日，美联储主席格林·斯潘在华盛顿特区的美国企业研究所周年晚宴和弗朗西斯博耶讲座上的评论。“但是我们怎么知道非理性繁荣何时会导致资产价值过分抬升，然后变成意料之外的长期紧缩局面，就像日本过去十年那样？” www.federalreserve.gov/boarddocs/speeches/1996/19961205.htm。

〔2〕然而，对于将这一过程划为金融市场的重要组成部分的说法也存在很大的经济方面的争议——不需要从众心理或非理性繁荣来制造泡沫。例如，经济学家约翰·梅纳德·凯恩斯和后来的海曼·明斯基认为，资本市场本质上是不稳定的，即使我们假设市场中的买家和卖家的行为很理性。在过去的30年中，他们的许多想法被无情地抛弃。但随着2008年经济危机的爆发，人们又开始重视他们的理论。我们将在本书的最后一章探讨他们的理论。

与后来出现泡沫破裂的情况相比，荷兰的郁金香泡沫根本就是小巫见大巫。1720 年出现在英国的南海泡沫事件（South Sea Bubble）更准确地预言了我们的金融未来。

南海公司（South Sea Corporation）成立的目的是承销大部分英国国债，这部分国债被当时的富裕居民作为年金持有。[1] 南海公司鼓励这些富有的年金持有人将其国债转换成能够支付股息的南海公司股票。在这个过程中，政府债券将消失，一个新的二级市场将出现，允许富有的年金持有人更容易地转换其手中资产。新公司与英格兰银行达成了一项审慎的协议：股价越高，投资者的利润越高。实际上，高股价也将让政府受益，因为它对年金持有人将其对政府的债权转变为公司股份更有诱惑力。为了加速这一进程，南海公司将公司股票赠予了许多国会议员和内阁大臣。很快，该公司的股价开始上涨，泡沫开始扩大。仅仅 6 个月，该公司的股价就暴增了 8 倍。欢乐的情绪遍布英国正处于不断发展中的资本市场，导致新的泡沫公司不断涌现，它们的目标是寻找冒进机会的投资者。

南海公司的董事们不喜欢这些模仿者进入他们的泡沫市场寻找发财机会。他们希望政府能够通过要求所有新的股东公司获得政府特许权的方式平息这些竞争性泡沫公司的泛滥。后来英国国会通过了《泡沫法案》，禁止“未经议会许可成立公司，并防止现有企业进行不符合其特许状规定的活动。”[2] 当这一法案未能成功抑制泡沫公司涌现时，南海公司的董事们要求总检察长依法行事。为了吸引追求市场高回报率的投资者，他们还提高了该公司的担保股息：未来 12 年每年 50% 的超高回报。政府调控外加高额股息本应该进一步推动股票上扬。但事实恰好相反，欢乐的股市拖着南海公司一起崩溃。南海公司的股票在四个星期内下跌了 75%。

在随后的数十年、数百年中，这类泡沫事件不断形成、破灭，周而复始——从南美洲的矿山、铁路、20 世纪 20 年代的股市泡沫

〔1〕向政府提供资金，然后每年获得固定回报。
〔2〕钱斯勒，第 82 页。

到21世纪初的互联网和房地产泡沫的破裂。投资者无力自救，整体金融体系也无能为力。主要的玩家们总是想方设法通过打造大好形势、推升价格（至不合逻辑的地步）疯狂获利。贷款购买更多资产和这些资产价格通胀的过程互为因果。虚幻的金融和现实之间的差距一直延伸至某个时点，然后崩溃降临。有时候，基础经济实力强大，因此其影响被抑制。而在其他时期，崩溃引发威胁整个经济的严重萧条。

*****

我们已经研究了一些重要的金融发明：政府债券、公司股东、资本市场及其不可避免的泡沫与泡沫破裂。但是，我们漏掉了金融市场最伟大的发明：政治影响力。大型投资者和其他主要金融市场参与者变得如此强大，以至其几乎不受政府政策的有效控制。说得更明白些，高级金融规则具有左右经济和政治生活的权利（注意一下政客们对股市变动的态度就明白了）。

以南海泡沫为例。泡沫破裂后，政府调查员发现，许多议会成员收受了南海公司赠予的股票。其中有几名议员被赶出议会。后来，国会甚至通过一项法案，没收南海公司董事们在1720年间谋取的所有利润。不过这项法案从未实施。十多年后，国会通过并实施了一项禁止卖空[1]、期货交易和期权交易的法案，即《泡沫法案》。

值得注意的是，在19世纪20年代另一次金融泡沫出现后，《泡沫法案》已经被废除。这一次的泡沫与南美洲虚幻的黄金和银矿有关。英国投资者认为，最近刚刚摆脱西班牙统治的南美洲，将极大地受益于英国的先进技术和商贸活动。而且一旦英国参与了这些南

---

〔1〕“卖空”是指卖出目前你并没有、但承诺在未来某个特定日期，比如从现在开始30天，交付的股票。你是在赌股票价格将在现在和从现在开始的未来30日之间下跌，这样，你可以以更低的价格买入股票。从理论上讲，你买入的股票将落入你卖空的人手中。你今天卖空和你最终在未来30天内买入的股票之间的差额就是你的利润或亏损。显然，当你认为市场即将下跌，而它也应声而落时，卖空可以赚取高额利润。

美洲矿山的经营，投资者的回报肯定会滚滚而来。英国的报纸大肆宣扬这里如山一般的金块就堆放在地上，只等待英国公司来加工。这些公司和新兴的南美各国政府目前所需要的就是一些明智的英国投资者。狂欢节序幕就此拉开。公司一家接一家地发行股票。市场和价格被有效操控，虚假的投资报道四处散布，连政府大臣也变成了免费的股票宣传拉拉队长。一时之间，价格飞涨……然后崩溃。

到了这个时候，一些英国的观察家们已经看清了整个过程，开始质疑金融市场的基本价值和那些促使并操纵其运作的推手们。这些观察家们已经意识到了这些市场与赌场的相似之处。出身银行世家的亚历山大·巴灵（Alexander Baring）称，他“认为在圣詹姆斯街大厅里进行的贵族赌博和在皇家交易所里商人们进行的赌博没有区别；只是后者更有规律，更尊敬公司而已。”[1]

尽管明知金融市场充斥着欺诈性操纵，但是英国政府仍然拒绝采取行动。原因何在？输入金融的政治影响力和权力创新便知分晓。此时的金融市场已经无可争议地变成了“自由市场”意识形态的产物，它将搭乘这架马车开始其未来200年的谋取财富之路。这种意识形态让执政者相信，不受监管的金融市场虽然凌乱，但却是资本主义发展的动力。而且这些市场不能也不应该被制约或受到严格监控。从本质上讲，金融家们认为，明确界定健康的投机和腐败的过度投机而不扼杀市场的做法是不可能的。在泡沫破灭前，人们不能真正区分泡沫与合法投资。亚历山大·巴灵在1820年对此给予了中肯的解释：

> 对于（投机者）的恶行肯定应该进行调查；尽管他几乎不知道该怎样调查。补救办法比疾病本身更糟——如果制止这一恶行，那么就会打击企业精神。这种精神为社会创造出了如此大的收益，如果发现任何人画条线来区分公平企业和过度投机，那么他应该

〔1〕钱斯勒，第108页。

会感到遗憾。[1]

这个观点的抛出几近两个世纪，其目的是保护金融市场不受有效的监管，并纵容“非理性繁荣”。当主要金融市场参与者担心政府出台政策或法规时，他们威胁称那将是灾难性的。而几乎每一次，形形色色的政治家总是支持他们的言论。政治领导人害怕见到“市场”对其发言和政策的响应。在公布一项政策后，市场的剧烈下滑几乎相当于议会的一次不信任投票。

或者，正如比尔·克林顿（Bill Clinton）总统所说的那样：“你的意思是告诉我，经济计划和我竞选连任的成功都取决于美联储和一帮该死的债券交易员吗？”[2]

---

〔1〕钱斯勒，第 109-110 页。

〔2〕鲍勃·伍德沃，《议程：克林顿时代的白宫内幕》，纽约：Simon and Schuster Paperbacks，2005 年，第 73 页。

第四章

大萧条教训的吸取与遗忘

威斯康星州五个学区吃了不少苦头才明白，银行和经纪公司可以在很少或根本没有政府监督的情况下向您兜售可疑的金融证券。出现这种情况并非偶然。其实金融机构非常善于抗拒和破坏监管控制。但有时为了避免调控，它们会创造自毁的条件。

正如我们已经看到的，繁荣和萧条是我们经济体制的常态。主要金融市场参与者似乎与这些周期共同繁荣，只要不太极端。但在缺乏监控的情况下，市场的起伏可能是灾难性的。如果萧条严重到引发整个经济体制崩溃该怎么办？突然之间，市场所钟爱的自由化观念被无情地抛弃、批判。这正是大萧条期间曾经发生过的，也正在目前的危机中再次出现。

我们需要仔细回顾一下发生在 20 世纪 30 年代的大萧条，具体原因如下：首先，我们可能将再次经历一场这样的浩劫；其次，20 世纪 30 年代，我国政府实施了严格的金融监管，并在随后的几十年设法结束虚幻的金融业；最后，学者和决策者们正在利用从大萧条中汲取的经验教训解决目前的金融危机。美联储主席本 · 伯南克此前曾是普林斯顿大学的教授，他是一位著名的大萧条研究学者。他正通过大萧条这面镜子审视当前的金融危机。正如伯南克所说：

“我是一个大萧条爱好者，就像有些人是内战迷一样。”[1]

1929年经济危机爆发时，主要的意识形态是社会达尔文主义（适者生存）与政府自由放任的政策。繁荣与萧条的过程有时是痛苦的，但确实是必要的——这是资本主义自我净化的过程，目的是去除实力不足的企业，驯服劳动力，从而提高整体效率和生产力。强者才能生存、繁荣和掌权。这种经济上的放血会增强我们的道德神经，进而迈向下一次繁荣。赫伯特·胡佛（Herbert Hoover）在他的回忆录中将这种严酷的哲学归功于其财政部长安德鲁·梅隆（Andrew Mellon）。胡佛将梅隆及其追随者形容为“认为政府必须不干涉，让衰落自行清洗的取消主义者”。胡佛写道：

> 梅隆先生只有一种方式：“清洗劳动者、清洗农民、清洗股票、清洗房地产。”他坚决认为，在人们头脑发胀的时候，根除它的唯一办法就是让它崩溃。他认为，即便是恐慌也不完全是件坏事。他说：“这将清除体制中腐化的东西。高消费和高成本会降下来。人们会更加努力地工作，规规矩矩地生活。价值将被修正，有进取心的人会接过能力不足的人留下的烂摊子……[2]

梅隆先生是不是真的说过这些谁也不清楚。但不管怎样，胡佛的记述恰当地描述了社会达尔文主义最残酷的一面。

20世纪20年代，没人会担心经济萧条。已经成为世界上最大的债权国的美国似乎已经找到了长盛不衰的钥匙。它的繁荣来源于大众消费、不断提高的生产力、数以千计的新发明、科学的管理以及丰富的自然资源和人力资源。不断增加的债务更像祝福而不是诅咒。在此期间，出现了“消费者”和“分期付款计划”等新名词。据估计，到1926年，“65%的机动车是以分期付款信贷的方式购买的。

---

〔1〕本·伯南克，《大萧条》，新泽西州普林斯顿：普林斯顿大学出版社，2000年，第7页。
〔2〕赫伯特·胡佛，《胡佛回忆录》，第三卷：经济大萧条，1929—1941年，宾夕法尼亚州斯克兰顿：The Haddon Craftsmen, Inc.，1952年，第30页。

而在百货公司卖出的黄金中，40% 以上使用信贷。”[1] 在兴旺的 20 年代，以保证金购买物品成为时尚。随着股市上涨，您可以凭此借款然后买入更多股票，这反过来又推动了股价进一步上涨。严肃的学者们对这一时期的繁荣惊叹不已，很多人认为这种繁荣将永远继续下去——资本主义终于摆脱盛极而衰的命运轮回了。[2]

在从积聚到崩溃的过程中，我们可以观察到一些常见的疑虑：宽松的信贷、市场操纵、几乎没有监管保障以及极度乐观的情绪。但是，人们仍然能充满信心。一方面，他们认为，美联储（成立于 1913 年）将通过调整货币供应量、监督银行业和制止银行挤兑的方式防止出现严重的恐慌。

人们没有预料到金融崩溃——至少没有预料到随后“实体”经济发生的彻底破坏。对许多人来说，那看上去就像卡尔 · 马克思对资本主义灭亡的预言终于成真一样。在短短两年的时间里，不仅股市损失了近 90% 的市值，就连国民生产总值也下降了一半，1/4 以上的非农业劳动力失业。没有哪种经济体制可承受如此长期的破坏。也没有哪个理智的国家会允许这样的危机再次发生。

大萧条的冲击促使绝大部分学者、决策者以及公众达成一种新的“共识”：为了防止经济失控，政府必须对其进行干预、严格管理。作为那个时代著名的经济理论家约翰 · 梅纳德 · 凯恩斯（John Maynard Keynes）讲述了大萧条后绝大部分美国人对金融市场的看法：

> 当投机只是实业稳定发展洪流中的泡沫时，投机者并没有危害。但是，当实业变为投机漩涡中的泡沫时，形式就严峻了。当一个国家的资本发展变成了一个赌场活动的副产品时，事情肯定

---

〔1〕爱德华 · 钱斯勒，《贪婪时代：金融投机史》，纽约：Plume Books，2000 年，第 197 页。
〔2〕更多引文精选，见科林 · 西摩《1927—1933 年自命不凡的预言家图示》，2001 年 6 月，www.gold-eagle.com/editorials_01/seymour062001.html。

变得更糟。[1]

安德鲁·梅隆的“取消主义”、反调节、社会达尔文主义和自由放任的思想已经不存在了。新政时代（1933—1939 年）人们达成的共识是，金融业需要严密的调控，否则它将自毁，同时让大家一起陪葬。罗斯福政府设置了大量机构并出台了诸多方案，旨在保护所有国人免受虚幻的金融之苦。其中，证券和交易委员会监管股票市场，联邦存款保险公司为个人存款账户提供银行挤兑[2]和破产保险。1933 年出台的《格拉斯—斯蒂格尔法案》在投资银行和商业银行之间筑起了一道防火墙，目的是保护企业和消费者不受金融投机和操纵荼毒。联邦住房管理局让收入微薄的阶层拥有了自己的房子。而《破产法》则第一次将普通工薪阶层纳入保护范围。

在大萧条时期，金融这个“创新大熔炉”并非出身于自由市场的赌场，而是出身于政府。就以被称为抵押贷款（mortgage）的金融工具为例。这个名词最早出现在 12 世纪左右。英国普通法认为，任何贷款给你购置资产的债权人，在你没有偿还贷款时，对该资产拥有所有权。在 20 世纪之交的新世界（指西半球），私营部门抵押贷款的条款极为严格。如果想要获得住房抵押贷款，贷款人通常必须支付 50% 的首付款以及未来五年的利息。五年期满贷款余额全部到期时，贷款人往往被迫再签署一份为期五年的贷款合约。结果，拥有房产的仅限于有钱人。因此，在 900 多年中，私人金融市场无法获得大规模房屋融资的利润。

大萧条时期，住房市场完全崩溃。新政通过创造长期固定利率的自摊销贷款，同时保障符合某些规定的购房者能够获得贷款的方

〔1〕约翰·梅纳德·凯恩斯，《就业、利息与货币通论》，纽约：Harcourt, Brace and World，1964 年，第 159 页。

〔2〕在现代的“部分”银行准备金制度下，银行手头只保留消费者和企业存款总量的一小部分。其余的全部用于贷款。在绝大部分情况下，剩余的这一小部分存量基本上足以应付日常的取款业务。然而，如果大量储户在同一时间要求取回自己的存款（如在发生经济恐慌时），银行就会破产。

式使住房市场强力复苏。新政时期设立的房屋贷款公司推出了15年期按揭贷款。随后，联邦住房管理局又推出了为期20年的贷款。20世纪50年代，这一标准提高至30年。居者有其屋的目标终于成为现实。而让这一切成为可能的是发明了这种金融工具的政府，而不是私营部门（先透露一下：当私营部门最终重新取得将其创造力运用于抵押贷款市场的机会时，灾难开始降临）。

* * * * * *

大萧条的威力让所有美国人心惊胆战，因此绝大部分人欢迎政府采取高压手段保护经济陷于更严重崩盘的境地。政府在第二次世界大战期间实行的严格的经济控制措施进一步使联邦监管合法化。看起来金融市场的力量被永久地驯服了。

然而，随着时间的推移，世界经济的快速发展将削弱新政的监管制度。尽管这期间持续了将近50年，但钱生钱的魔力再度占了上风。最终，赌场重新开业。

货币汇率既是二战之后严格的金融控制的象征，同时也是关键的战场。1944年7月，同盟国领导人齐聚新罕布什尔州的布雷顿森林。他们一直认为，只有严格控制全球资本流动，才能保证战后新体制顺利运行。他们担心出现货币投机[1]，那种情况他们在大萧条时期已经见过很多。他们认识到，允许企业、投资者和投机者在各国之间大玩金钱游戏不利于局势的稳定。因此，他们将全球货币的价值与美元挂钩，同时将美元与黄金挂钩（每盎司黄金兑换35美元），并在各国实施严格的资本管制。

这一体系一直持续到1970年左右。然后，固定汇率开始出现问题。原因包括诸多方面，例如，欧洲和日本迅速重建，推动全球贸易发展和竞争；遏制共产主义计划的成本不断攀登，各地战火

〔1〕交易人可以推测一种货币是被高估或低估。如果赌注数额巨大且判断正确，那么可以极大地改变货币的价值，而这反过来，可能会引发依赖该种货币的国家经济动荡和解体。

不断；美国在越战和世界各地的势力扩张中投入数十亿美元。到了1971年，世界上美元泛滥。通货膨胀加剧，而美国黄金挤兑也似乎近在眼前。[1]

为了应付这一切，理查德·尼克松（Richard Nixon）总统开始了类似二战时期的工资和价格控制，以抑制通货膨胀。他还宣布美元脱离金本位体制。布雷顿森林体系的时代宣告结束。国际舞台再次为快速流动的资金敞开大门，而投机者们再一次获得了足够大的回旋空间。

但大萧条的烙印依然历历在目，新政时出台的法规和观点依然占主流，这种形势严重制约了美国金融部门的发展。与此同时，20世纪60年代的挑战权威运动也使得民众对私营部门产生了新的怀疑。在电影《毕业生》中，其妻子与达斯汀·霍夫曼（Dustin Hoffman）私通的商人对他说了一个词："塑料"。观众们找到了笑料——现代企业的生命是人造的，而消费者的生活是浅薄和陈腐的。企业就像塑料一样没有灵魂。显然，这种文化氛围不利于金融赌场的运营。

输入米尔顿·弗里德曼（Milton Friedman）看一看。如果说这位芝加哥大学的经济学家一手破坏了新政思想并击退了新左派对消费的攻击有些夸大其词，那么至少可以说他在这个过程中一马当先。

在战争肆虐和环境危机不断的情况下，很多人，无论年轻或年老，都认为企业需要担负更多"社会负责。"弗里德曼对此感到震惊，特别是在他看到一些企业领导人也开始认同这种想法时。弗里德曼认为，资本主义是最好的，且只保护个人自由——然而在他看来，没有人愿意维护它（他对政府在经济上的干预深恶痛绝，甚至反对食品和药物管理局的存在）。1970年9月13日，弗里德曼为订阅量

〔1〕布雷顿森林协定规定，各国以固定数额的黄金——每盎司35美元兑换美元。20世纪60年代，世界上流通的美元数量远远大于支撑它的黄金数量。如果其他几个国家试图同时将其持有的美元兑换成黄金，那么美国的黄金将耗尽，就像一家遇到大批急于取回其存款的储户的银行一样。

很大的《纽约时报杂志》撰文，公开抵制“目前普遍对‘资本主义’、‘利润’和‘没有灵魂的企业’表示反感的舆论气候”。

就像亚当·斯密一样，弗里德曼认为，当所有人和企业都能够自由地追求最大利润时，资本主义的运行最有效。他表示，任何附加的经济目标，都是愚蠢和危险的。追逐利润使得市场更有效率，而借助“看不见的手”促使社会繁荣。此外，这些对获利的追求可以保护社会不受“政府官僚的铁拳”干扰。自由和经济必然性需要政府置身经济之外。弗里德曼写道：

> 企业唯一的社会责任，就是在遵守社会基本规则的同时，尽可能地赚更多的钱，也就是说，在开放、自由、没有欺骗的竞争环境中从事经营活动。[1]

但是，弗里德曼不仅把目光放在新左派及其半社会主义的意识形态上，他甚至认为整个新政严重危及自由市场和个人自由。他明白，要击败入侵的监管制度，必须先破坏人们对大萧条成因的普遍共识。如果民众认为放弃新政将导致另一场危机，那么他们肯定会继续支持新政的控制政策。

弗里德曼试图反驳大萧条是资本主义根本缺陷造成的这一整体思路——这是马克思和其他左翼经济学者预测的相同缺陷。许多经济学家，甚至像凯恩斯那样的非社会主义者，也认为大萧条证明了，资本主义容易导致灾难性的周期性危机。危机的成因包括生产的商品过剩（卖不出去）、人们的消费能力低下（工资过低而致使劳动阶层无力购买），以及金融市场固有的不稳定性。这种看待资本主义的观点导致了改革，而在弗里德曼看来，改革束缚了资本主义精神，妨碍了自由市场，同时也危及个人自由。

---

〔1〕米尔顿·弗里德曼，“企业的社会责任就是增加自身的利润”，《纽约时报杂志》，1970年9月13日，转载于 www.colorado.edu/studentgroups/libertarians/issues/friedman-soc-resp-business.html。

弗里德曼和安娜·施瓦茨（Anna Schwartz）在其合著的《美国货币史》（1867—1960年）一书中，指出20世纪30年代的经济崩溃并非出于体制故障，而是人为失误：美联储对货币供应量的管理不善。这个问题的根源不是“资本主义的内部矛盾”，而是美联储在股市繁荣期间和之后实施的紧缩货币政策。

现任美联储主席本·伯南克完全支持这一套推理。正如他在2002年所说，对20世纪20年代的正确解释并不是流行的那个版本，即股市虚高、崩溃，然后引发了大萧条。真实的情况是政府对出台试图阻止股价上涨的货币政策太过于热衷。但紧缩货币政策的主要作用，正如本杰明·斯特朗（Benjamin Strong）曾预言的，是放缓国内经济增长，同时通过金本位体制影响全球经济增长。经济放缓和利率上升，反过来构成引发股市崩盘的主要因素。[1]

弗里德曼的修正主义深得20世纪80年代的保守派（如罗纳德·里根和英国首相撒切尔夫人）的欢心。在里根执政期间（1980—1988年），他开始“解除”对私营部门的限制，取消所有新政控制措施，同时削弱工会的力量。

里根政府还对税制结构进行了重组，促使财富更多地向顶层聚集。根据新崛起的“拉弗曲线”理论，减税将刺激经济增长，进而增加而不是减少联邦政府的收入。繁荣会慢慢累积、显现和持续。如果减税导致政府债务在短期内上涨也无妨。这将为消除新政和伟大社会计划——减少工作动力、束缚自由市场——施加财政压力。

里根时代的统计数据清楚显示了减税是如何将财富转移至超级富豪手中的。从1983年到1989年，1.5%的高收入家庭的财富增加了1.45万亿美元，而底部40%的家庭的财富则减少了2560亿美元。值得注意的是，这几年的联邦债务增加了1.49万亿美

〔1〕2002年10月15日美联储主席本·S.伯南克在纽约的全美企业经济协会纽约分会的讲话《资产的价格“泡沫”和货币政策》，www.federalreserve.gov/boarddocs/speeches/2002/20021015/default.htm。

元[1]。仿佛整个联邦的债务是因为被直接授予了超级富豪才产生的。现在金融赌场已经得到了运转所需的资本。此外，还有不受监管的自由。

现在，所有条件都绝对有利于虚幻的金融新时代的降临。精明的商人意识到，富人们投入市场的所有新财富都需要精心部署。那些能够为富人们提供高额回报的代理人无疑将跻身超级富豪之列。

由于里根政府放松反托拉斯监管，杠杆并购（用借来的钱收购公司）风靡一时。一时之间，许多公司被拆分、关闭、拍卖，而投资者们则把丰厚的战利品带回家。时至今日，人们仍在争论这些并购是否有助于美国经济的现代化，或只是在破坏它。毫无疑问，这些举动加速了美国制造业的下降。一般来说，收购往往是不产生任何效益的。已经有很多著作详细描述了产业景观的掠夺性、迈克尔·米尔肯（Michael Milken）的垃圾债券风潮和对部分参与者的大批起诉书。现在我们终于清楚了，所有这一切都不过是虚幻金融业主要娱乐节目中的穿插表演。

* * * * *

在里根总统解除对储蓄和贷款银行的管制时，他开设了一家利润丰厚的新型赌场。新政对储蓄银行的经营活动有着相当严格的规定。储蓄银行的职责应该是接受储蓄存款和办理住房抵押贷款，其能够支付的存款利率设有上限。法规严格规定了它们可以向商业企业和风险更高的投资贷款的金额。

在 20 世纪 80 年代，来自银行界、经济格局的改变以及当时盛行的反监管思潮的压力迫使里根政府放弃了很多这方面的限制。现在，这些储蓄机构可以通过提供更高的利率和进行高风险贷款，尤

〔1〕美国商务部，人口普查局，《美国统计摘要 1996 年》，华盛顿特区：U.S. GPO，1996 年，第 330 页；爱德华·沃尔夫，《富人越来越富》，华盛顿特区：经济政策研究所，1992 年，第 30 页。

其是向蓬勃发展的商业房地产市场贷款，吸纳更多资金。

在我们更深入探讨这个问题前，我们需要先了解另一个令人头疼的金融创新：“道德风险”，这是一个保险业术语。举例来说，如果我为我的自行车购买了全额保险，我可能不会在不用时上锁，因为它被盗对我来说不算什么——保险公司会负责赔偿。因此，更多的保险可能会催生更多懒得锁车的人——一种道德风险——进而促使更多的自行车盗窃，这一点至少在理论上说得通。而套用在金融业，那么自行车本身就是风险。假设我知道，如果我承担风险和失败，我将得到救助，那么我就会承担更多的风险，让你在我失败时救助我。[1] 自由市场的保守派借用这一观点争辩，我们应该让企业倒闭，即使它对整个社会造成的伤痛是短期的。他们认为，经过一段相对较短的时期后，经济将自行复正，并且比以往更强大。而最重要的是，在我们向前发展的过程中，赌徒没有得到任何回报，而道德风险也被抑制（在我们讨论一家或两家银行时，这种说法的确有道理。但当我们讨论整个金融业时，可能需要十年和一场世界大战才能终结一次大萧条，就像20世纪30年代的那次一样）。

下面来看看与储蓄信贷银行有关的规定及变化。除了对储蓄银行的业务进行规管外，新政也保护了数百万把钱存进储蓄银行的美国人的利益。政府规定，银行必须遵循审慎的贷款规则。同时，当储蓄账户中的资金达到一定数额时，将由联邦存款保险公司投保。几十年来，储蓄和贷款银行为储户们提供了适度但却安全的回报，并保障了有助于战后住房市场繁荣的住房贷款供应。

而在里根政府对金融业的管制放松后，储蓄信贷银行可以提供更高的利率、进行更多的投机性贷款和投资。然而，即使是自由市场空想家都知道不应该取消联邦存款保险公司对储蓄的担保，因为这可能导致储户损失、银行挤兑和金融恐慌。但里根政府却反其道

〔1〕其实，很少有实际证据支持这种观点的普遍性。例如，那些购买了家庭保险的人，通常会更加小心地保护他们的财产。然而，大多数金融分析师相信“道德风险”带来了严重风险。

行之：利用联邦存款保险公司来提高它本应担保的存款水平，旨在进一步增加储蓄信贷银行的吸引力。企业家们立即意识到储蓄银行有可能成为私人提款机，而且副作用很小。您可以开设或接管一家银行，然后利用高额利率吸引大量客户，通过大批风险投资扩大资产，大把花钱，同时还可以告诉客户，他们存在您这里的钱很安全、很稳健，因为联邦存款保险公司已经承保了。这是自由市场道德风险制造的一个弥天大谎。

随着对利率上限禁令的解除，一大批赌场玩家们争先涌入了这一行业，他们开设储蓄银行，利用非常有吸引力的利率诱惑储户，然后把聚敛的大笔资金押宝在全国各地的商业开发项目上。在这一过程中，他们大肆挥霍银行的资金，就像花自己储蓄罐的钱一样，他们买飞机、艺术品、高级公寓以及其他奢侈品。在 20 世纪 80 年代中期，美国的储蓄银行成为地球上最好的金融赌场。

然后，这些赌场以可以预见的方式崩溃了。由于储蓄和贷款资金大批涌入商业地产，兴起了一股建设热潮，导致商场和办公楼建造过剩。最终，供应超过了需求。泡沫破灭，致使 1000 多家储蓄和贷款机构破产。然后，政府接手了这个烂摊子。

当上千家银行倒闭时，的确套住了一些抢劫者，但大部分老谋深算的企业家携带着巨额财富躲开了一劫。政府接管银行及其贬值资产，并按照承诺保护个人存款。在接下来的十年中，政府卖掉那部分资产。纳税人为 2000 亿美元的法案买单。这说明，道德风险始终是有代价的。

您一定认为储蓄信贷危机会让放松管制的正统派们暂时罢手。不可能。直到里根时代结束，赌场仍旧开门营业。

回首往事，您会发现，储蓄和贷款的道德风险最终会导致规模更大的救助。现在可以确定的原则是：我们不能让这个体制崩溃，即使这意味着需要出钱拯救成千上万腐败、贪婪、赔光了赌注的企业家——尽管他们已经在这个过程中攫取了大量财富。尽管此举草率，但是我们必须救市，因为这也是在保护无辜的民众。

随着金融部门的发展，紧张的参与者们明白了，政府不会让他们破产——即使主要投资者和交易商不在政府保险或规管的范围内。道德风险已经在这个体制中根深蒂固。个体银行和金融公司或许会倒闭，但是为了避免一个体制崩溃，联邦政府肯定会赶来救援。放松管制的思想和道德风险的结合是伪善的：如果你是赢家，那么这就是一个自由市场。如果你赔大了，我们救助你。如此一来，有谁不会在那种赌场下大注呢？

在里根时代结束时，随着精明的投资经理们年复一年地创造出25%、30%、40% 甚至更高的回报，巨量的财富正在积聚。自 20 世纪50年代出现后一直势单力薄的对冲基金在如乔治·索罗斯(George Soros)这样的百万富翁中逐渐流行开来，而其影响力也日渐扩大(后来养老基金和大学捐赠基金也成为这类不受监管的基金的主要投资者)。

如果是在新政期间，这类诡异的回报将受到怀疑并接受调查。但在放松管制的新时代，人们的接受度很高，甚至钦佩超级富豪们快速增长的金融投资。是不是大家都希望沾沾这次赌博的光？

我们政府的金融监管机构辩称，政府没有理由规管这部分资金，因为这只是为富人们设置的——广大民众没有风险。如果富人们想在这个高风险赌场玩乐，可以，那是他们的权利。因此，对冲基金避开了规管限制。

当上层的富人们拥有了如此巨量的财富后，聪明的金融操盘手们迟早会发明出新的钱生钱产品，并承诺比以往更高的回报，借此来吸引富人们投资。随着所有管制的放松，很少会有头脑清醒的政府官员有时间或有兴趣质疑这些金融工具的健全性，或是它们产生的体制风险。

所以，欢迎大家到衍生工具的新世界来冒险。

第五章

“圣人”庇佑下的赌场新游戏——金融衍生工具

金融衍生工具，现在我们一听到这个词，浑身直冒冷汗。我们当中有些人是在学习微积分时第一次见到这个词，它在数学中的意思是“微商、导数”，因为复杂难懂，所以很多人落荒而逃。不过冤家路窄，我们又见面了，这一次它摇身一变，成为一种更难理解、大概根本没人愿意试着去冒险弄懂的金融工具，当然，决策者们就更不可能了。我们最好把它丢给金融部门那帮聪明的家伙，丢给那些懂得其中奥妙的“数量分析专家们”，丢给创造了这种衍生工具并从中牟利的投机商们。我们剩下的这群人呢？闪到一边去（如果您住在密尔沃基地区，那么您最好捂紧自己的钱包，因为那几个学区就是在毫不知情的情况下购买了这种金融衍生工具）。

虽然困难重重，但我们不得不来试着理解它。这是我们能够从高级金融掌权人手中挽救我们的民众（和税收）的唯一途径。因为资产毒垃圾正是借助金融衍生工具才真正启动，时间可以追溯至20世纪80年代末和90年代初。就是从那时起，金融家们终于通过计算机计算出了如何利用错综复杂的产品赚大钱。

话先说到这里。我敢说您和我一样能够做这件事。我们所做的肯定不会比那些决策者们差，就是他们当年不顾警告，完全放弃了其监管职责，将我们的整个经济体制置于风险之中。

例如，1994 年 5 月 19 日，詹姆斯 · L. 博思韦尔（James L. Bothwell）代表总审计局（GAO，现在的政府责任办公室）向国会作证时提出了明确的警告。他的话令人胆战心惊，因为总审计局直接警告称，巨大的危机将于 2008 年到来。

他一开始就点明了金融衍生工具部分为创新、部分为赌场的性质：

> 在其众多益处中，衍生工具为终端用户提供了能够更好地管理与其业务交易相关的金融风险的机会，这种机会叫做对冲。同时，它们也为终端用户提供了从市场价格或利率的预期变动中获利的机会，这种机会叫做投机。[1]

博思韦尔先生指出，这种全新的赌场不只是散落在内华达州的几家尘土飞扬的加油站。绝对不是，因为截至 1994 年，衍生工具赌场的赌金高达 12.1 万亿美元，足以在全球市场翻云覆雨。此外，这类业务高度集中。博思韦尔称，截至 1992 年 12 月，“排名前七位的国内银行场外交易（不受监管的‘场外交易’）衍生工具经销商的活动占美国银行金融衍生工具交易活动的 90% 以上。”[2]（“排名前七位”的主要是投资银行和商业银行。这些机构的衍生工具群体包括交易员、销售人员和统计人员，他们发明、交易和出售衍生工具）。

博思韦尔忘记提到赌场已经开始为制作、出售和交易衍生工具的投资银行家们大把赚取利润（和奖金）。我还没有找到一个很好的能够估算他们从那 12.1 万亿美元中“赚取”的数额，但我们假设比率至少是 0.5%。即便如此，这些机构从赌场里分到的份额也

---

〔1〕詹姆斯 · L. 博思韦尔，“金融衍生工具：保护金融系统所需采取的行动”，在农业委员会环境、信贷和农村发展小组委员会上的证词，1994 年 6 月 14 日（华盛顿特区：美国总审计局）GAO/T-660-94-169，第 1 页，http://archive.gao.gov/t2pbat3/151816.pdf。

〔2〕同上，第 1—2 页。

在600亿美元以上，而这只是在1994年，衍生工具经销商刚刚起步的时候。

因此，我们来简单回顾一下。我们拥有了几种金融衍生工具，虽然还没成大气候，但却已经累积了上万亿美元的资金。我们知道只有为数不多的几个玩家在操纵它们的运作。我们也知道，在规避风险时，这些工具的确很有效，而在加剧投机——赌博上，也非常有效。

我们为什么要担心投机？博思韦尔指出，因为衍生工具的交易和使用过于集中，而且那些发明、购买和交易这些工具的机构之间的联系非常紧密，因此如果“其中任何一家大型的美国交易机构突然发生故障，或突然撤出交易，那么可能引发市场流动性问题，也可能将其他机构（包括被联邦保险的银行）乃至整个金融体制置于危险之中。”[1]

明白了吗？博思韦尔是在警告我们，衍生工具涉及众多大规模交易和巨额赌注，它们的对象是诸如利率是上浮还是下降、某种货币是升值还是贬值等。如果一家大型衍生工具交易商损失巨大，那么该公司可能会倒闭。而且一旦违约，这个市场运转所需的现金（流动性）可能会枯竭，导致其他公司也破产。博思韦尔还警告，衍生工具市场如此巨大，如果一家主要交易商倒闭，就算被联邦保险的银行（此前一直在向衍生工具经销商贷款）也将遭受重创。简而言之，他说明了市场的体制风险是如此巨大、紧密，以至于不能承受一个主要参与者的失败。他警告，如果衍生工具的多米诺骨牌倒塌，它可能推倒银行和信贷体系的多米诺骨牌。

博思韦尔预测，如果一家大型衍生工具交易商破产，联邦政府可能不会马上介入，因为衍生工具交易是不受管制的。但是，如果被保险的银行遭受损失，政府将不得不出头——拖着纳税人一道跳

〔1〕詹姆斯·L.博思韦尔，“金融衍生工具：保护金融系统所需采取的行动”，在农业委员会环境、信贷和农村发展小组委员会上的证词，1994年6月14日（华盛顿特区：美国总审计局）GAO/T-660-94-169，第1页，http://archive.gao.gov/t2pbat3/151816.pdf。

入火坑：

> 虽然联邦政府不会为了避免一家主要的场外衍生工具经销商破产而插手干预，但联邦政府会在出现严重财政压力的情况下进行干预，以保持金融体系的正常运作。虽然联邦监管机构通常能够避免金融动荡演变成危机，但在某些情况下，干预可能会出现由纳税人出资进行金融救助的局面。[1]

听起来很奇怪，但却很耳熟是不是？

那么博思韦尔在1994年提出这段令人震惊的证词的目的是什么？他希望给予衍生工具市场少量的监管。他不相信金融业声称的、能够自治的言辞。他希望出台新的会计标准，能够阐明这些被交易商们掩盖的风险。他希望监督场外交易。他希望确保当时已经开始逐步涉足衍生工具活动的保险业不会引火烧身。总之，他希望出现一个合理、规范的赌场。

但博思韦尔与几乎每一位决策者一样，最终在金融“创新”面前屈服了。主要投资银行和华尔街的大玩家们明确警告他说，如果政府出台他们不喜欢的规定，他们将把业务转到伦敦或巴黎。因此，博思韦尔赶紧忏悔：

> 我们相信，创新和创造力是美国金融服务行业的优势，这些优势不应被过多的监管削弱或被迫迁往国外……目前的问题是在（1）允许美国金融服务行业继续发展和创新及（2）保护国家金融体制安全和稳健之间找到一种合理的解决办法。[2]

---

〔1〕詹姆斯·L.博思韦尔，“金融衍生工具：保护金融系统所需采取的行动”，在农业委员会环境、信贷和农村发展小组委员会上的证词，1994年6月14日（华盛顿特区：美国总审计局）GAO/T-660-94-169，第1页，http://archive.gao.gov/t2pbat3/151816.pdf。

〔2〕同上，第3页。

真是个明理的家伙。他说，衍生工具似乎是一种用处很大、利润丰厚的创新产品，很多机构已经投入了大量资金。但它们好像也有风险。因此，作为审慎的大众福利的保护者，国会应该为这种新发明的金融工具制定规范，管理好这个市场。而这是在 1994 年！

但博思韦尔发出的应该谨慎的呼声却被另一个声音淹没了，发出这个声音的不是别人，正是美国的“金融教父”——联邦储备委员会主席艾伦 · 格林斯潘。[1] 1994 年，正值美国经济、就业水平和收入节节攀升之际，格林斯潘、克林顿总统、克林顿后来的财政部长罗伯特 · 鲁宾基本上达成了共识。格林斯潘是位非常聪明、经验丰富的经济学家，他头上顶着对金融系统了如指掌的神圣光环。所以当他说“放手！”时，人们领命而行，特别是那些根本不太了解这些新型衍生工具的国会议员。当然，国会议员们也听到了很多来自一流的华尔街衍生工具玩家们的游说。这帮说客甚至组织了公关活动，以便将“衍生工具”这个词从报道中抹掉：他们更喜欢“证券”这个词。[2] 格林斯潘这样描述 1995 年 3 月的衍生工具法规：

> 当金融交易双方能够自由裁量、不受任何服务于其对手利益的感知性需要阻碍而自由进行交易时，市场的运作效率最高。迄今为止，金融市场的损失并没有导致更广泛的体制性问题。此外，经销商及其客户均受到近期市场波动的影响，并通过更加谨慎的行事来应对这些事件。如果减轻对错误导致的损失的处罚，人们就会放松戒备，市场自然的适应性反应将会减弱，作为稀缺资本资源分配器的分散的市场决策的价值将被削弱。我认为，我们应该以这一原则为基础：金融交易的各方对各自的决定负责，并在

〔1〕究竟是谁获得了“教父”这个头衔目前尚不清楚。我们的说法来源于 E. 雷 · 坎特伯雷的《艾伦 · 格林斯潘：幕后的教父》一书，新泽西州哈肯萨克市：世界科学出版公司，2006 年。但有些金融界人士称沃伦 · 巴菲特为“金融教父”。

〔2〕弗兰克 · 帕特洛伊，《传染性贪婪：欺骗和风险如何摧毁金融市场》，纽约：亨利霍尔特公司，2003 年，第 151 页。

> 利益明确后仅利用监管谨慎地调整双方的责任。[1]

这位教父究竟说了些什么？

（1）市场的运作绝对是有效的。到目前为止，市场是确定使用、价值并分配稀缺资源的最佳途径。

（2）如果一个产品很差，无论是在金融或其他领域，那么它会很快从市场上消失，就像福特曾经生产的爱泽尔牌汽车一样。

（3）由于金融衍生工具的市场非常庞大且充满活力，因此，它们肯定是好的——直到市场否定它们时。

（4）市场是衍生工具最好的调节者，监管机构应该保持距离。

（5）此外，如果试图监管那些永远比你聪明得多的衍生工具发明者，他们将会找到新方法来避开你制定的那些死规则。所以，不要浪费你的时间、他们的时间，还有我的时间。

尽管如此，国会的确考虑制定新的会计规则，以便将衍生工具纳入其中。由于衍生工具交易从未在账簿上出现过，因此银行和投资公司认为，将衍生工具纳入其会计制度几乎是不可能的。因为衍生工具的价格波动非常大，因此为其定价极其困难。就算不停地记账、测算，也只能给投资者一个模糊、不准确的答案。不用记账，让那笔上万亿美元的风险和对冲巨款远离投资者和监管机构的视线不就是最好的方式吗？对此，教父格林斯潘在1995年作证时只是简单地归结为：

> 在众多项目中单挑出衍生工具来进行特殊监管处理将是个严重的错误。这种反应会导致对交易进行规范的人为动机，其基础是监管原则而不是交易本身的经济特征。[2]

---

〔1〕“联邦储备系统理事会主席艾伦·格林斯潘在美国参议院银行、住房和城市事务委员会会议上的声明，1995年”，《联邦储备公告》，1995年3月，http://findarticles.com/p/articles/mi_m4126/is_/ai_16795142。

〔2〕弗兰克·帕特洛伊，《传染性贪婪：欺骗和风险如何摧毁金融市场》，纽约：亨利霍尔特公司，2003年，第151页。

格林斯潘又占了上风。

*****

观看总审计局和格林斯潘对于衍生工具问题各抒己见非常有趣，他们甚至提到衍生交易创造的膨胀性利润。当然，格林斯潘认为，这不关政府的事。自由市场应该造就亿万富翁。他们是聪明、勇于承担风险的人（他喜爱安·兰德的一个原因是，这位作家在诸如《自私的美德》等作品中强调个人主义和有限的政府）。衍生工具交易员应该得到市场创造的利润。如果所得过高，市场会将资金转移。根本不存在超高利润这种事。那是市场创造的奇迹。

现实往往缺少奇迹。我们很快就会发现在一朝致富的衍生工具产业和当前金融危机之间存在的联系。

那么，这些大受欢迎的衍生工具是什么？不幸的是，我们正在试图确定官方定义使用的这个词：它们是一大类金融工具，其价值基于其他金融指标、价格或工具的价值或变动而派生。[1] 难以理解吧。

如果您参加了竞技幻想体育联赛（译者注：一种网络游戏），您应该对衍生工具有一个直观的理解。例如，一支幻想棒球队的数据，是由源自于真实的现役职业棒球大联盟球员的数据组成。您“拥有”一支球队，就像某个人拥有一种衍生工具一样。它所具备的价值是您与联赛中的其他幻想棒球队“所有人”的一次赌注，看看谁的衍生球队积累的统计数据最好。实际上，您一直在猜测这些数据来自现役球员，但那些球员并不知道他们是在为您打比赛。您所拥有的只是衍生数据，而不是真实的东西。

让我们列举几个金融方面的例子。您可以购买一种衍生工具，其价值与利率或汇率的变动挂钩。或者您不想购买一种构成道琼斯

〔1〕更多技术性定义请参看冈特·迈斯纳，《信贷衍生工具：应用、定价和风险管理》，马萨诸塞州马尔登市，布莱克维尔出版社，2005 年。

工业平均指数的标的股票，而是买入了一种道琼斯工业平均指数衍生产品，其收益或损失只取决于道琼斯工业平均指数的涨跌。您也可以购买一种与石油价格变化挂钩的衍生工具，或者只与日本的石油价格变动相关，甚至是只与德克萨斯州和挪威之间的石油价差挂钩的衍生产品。可供您投资购买的衍生工具种类不胜枚举。银行的衍生工具小组可以与第三方一起为您定制一种衍生工具，以便让您放弃浮动利率收入，换取固定利率收入。或者您也可以放弃以美元计算的利息收入，转而以欧元计算。总之，由于衍生工具不具备“实体”（如股票、债券或一桶石油），因此银行家们能够（也的确）毫无节制地创造出各种衍生工具。更重要的是，我们现在已经知道，这些交易的绝大部分都没有记录在案，而且不受管制。难怪总审计局敲响了警钟。

但为何会有人需要这些工具？答案是风险。金融衍生工具是为那些希望通过将自身风险转嫁给其他人以规避风险的人，或是那些希望接过风险进行投机的人发明的。当人们购买衍生产品时，他们就是以看似很划算的价格接手了其他人的风险。资本主义的理论家们喜欢吹嘘我们的体制是由数百万推动创新的冒险家组成的。我们的国家中充斥着一帮恃强凌弱的企业家，他们用我们的生活、工作和辛辛苦苦赚来的钱去追求其他人不敢想象的梦想。好吧，也不完全是。我们的企业家们也希望尽可能地规避所有风险，因此他们极尽所能。而如果他们承担风险，他们更希望那是在“玩别人的钱的时候”，就像萨蒂亚吉特·达斯（Satyajit Das）在《交易员、枪和钞票》中所写的那样。衍生工具交易商——也就是那10多家操控着这幕大戏的大型金融机构——迎合了这种传染性、规避风险的愿望，并乘机捞了一大笔。没错，企业家的确承担了风险，但他们不是傻瓜。如果他们能够以合理的代价对冲其赌注风险，他们就会承担风险。

在讨论衍生工具的过程中，总审计局反复列举了一个典型案例：一家美国进口商预订了一台昂贵的德国产高级机器，交货时间为一年。不幸的是，这台机器的价格以德国马克计算（在欧盟成立前），比方说1000万马克。这家美国进口商必须在一年期满、机器交货时以马克付款。虽然今天美元的形势不错，但如果马克在未来的一年内对美元升值，那情况就很糟糕。这有可能只是价格大幅上涨，也可能会导致您的企业破产。所以，您会怎么做？在20世纪90年代，您可以打电话给您美国信孚银行的代表说明这一问题，而他将设计一种衍生工具，让您在支付了一笔钱后，拥有从现在开始的一年内支配1000万马克的权利——以今天的汇率。更有可能出现的情况是，您的衍生产品销售人员已经发现了这个问题，并打电话向您推销这样一种产品。您急忙抓住这个机会。您的银行代表通过向您兜售这种工具赚了一笔。他还可通过将这份掉期交易出售给另一方的形式对冲其中的利率风险。或者银行可能会将整个事件重新包装，然后卖给其他人。您不在乎。您已经将1000万马克的汇率锁定。这就是衍生工具安全的一面——使您的公司免遭风险。此外，集体转移或进行许多此类交易的风险或许也有利于社会，因为在它运转正常时，风险就会转移到那些能够更好地掌控风险的人手里。

但有时您友好的银行家代表可能试图兜售一些您不需要的衍生工具，但这对他和他的银行而言利润丰厚。萨蒂亚吉特·达斯在那本娱乐性很强的衍生工具书中就列举了一系列这样的交易，其中的主人公是一家印度尼西亚方便面公司的经理们。负责这家方便面公司银行业务的美国银行家意识到一种可能会让该公司受益的方式：即通过以美元计价的贷款的掉期交易对冲其以印尼货币计价的贷款——这是该银行为这家方便面公司度身定制的一种衍生产品。到目前为止，一切都很正常，因为以本地货币计算的贷款利率远远高于以美元计价的贷款利率。经过一段时间后，银行家报告称该衍生产品的价值升高了。公司会卖掉它并计入账面利润吗？这可是几十万美元呢。当然，他们卖掉了，也获利了，然后他们又从银行手中购买了一种更复杂、几乎没人能懂的衍生工具。它牵扯到一个更大的赌注，其中又牵扯另一个赌注。这家方便面企业被诱拐至赌场，跟一帮挥金如土的高级赌徒较量，而他们对这种游戏一无所知。只有利率波动不是很大时，他们最大的赌注才能有保障，但不幸的情况出现了，方便面公司的决策者很快就损失了4亿美元！

实际上，银行家更像推销员。他让方便面公司的决策者们迷上了通过货币投机快速获利的游戏。起初他们也的确赚了一些钱（虽然事实证明银行家赚的比他们多得多，只是那时他们不知道）。同时，每一笔交易都为银行和银行家创造了更多费用和奖金。出售的金融工具越复杂，随之支付的费用也越高。萨蒂亚吉特·达斯有一位资深的银行家朋友，他在训练新进衍生工具销售员时曾这样说到："桑尼，先给那个家伙一点甜头。一点儿就行。他会上钩的。然后，慢慢地让他深陷其中。这就是你逮到大鱼的办法。"[1]

达斯列举了很多无良的银行销售人员和交易员的例子，他们选择目标公司、诱惑他们购买自己不需要或不懂的复杂产品。这些故事表明，从合法的对冲活动沦落成赌场活动只有一线之隔。当您在赌场赚钱时，您就像一个天才。但您迟早会输，因为您根本不知道自己在做什么。而无论您是在赚钱还是在输钱，衍生工具的支持者们都在从您身上赚钱。

但是，我们先弄清楚。这无关好人或坏人的问题。方便面企业跳进了虚幻的金融赌场，是因为他们和银行家一样贪婪。但这并不是我们的话题，我们的重点应该放在能够以及的确毁了这个国家经济的赌场和衍生产品赌桌上。

接下来的故事应该作为每位公共财政官员和正试图将金融工具推销给公共机构（从威斯康星州开始）的所有企业的必读内容。故事发生在20世纪80年代后期的奥兰治县，当时的财政部长是罗伯特·塞特隆（Robert Citron）。并没有任何金融背景的塞特隆成为奥兰治县行政管理委员会负责人。奥兰治县是加利福尼亚州圣地亚哥以北一片富庶的地区。该县拥有数额庞大的资金，而其内部的投资规则非常保守。他们希望把自己的钱安全地投资在不会破产的短期产品上。

---

〔1〕萨蒂亚吉特·达斯，《交易员、枪和钞票：衍生品花花世界中的已知与未知》，纽约：Prentice Hall/Financial Times，2006年，第7页。

但塞特隆是一位很容易被衍生工具交易员说服的对象，他们向他说明了如何在不完全违背该县规则的情况下，得到更好的回报。当时，利率正在不断下降。衍生产品销售人员为塞特隆列举了很多能够给予他们比任何其他县或州已经购买的“证券”回报都更高的产品。他要做的就是购买这些据说是以非常安全的联邦债券等为基础的复杂的衍生工具（您可以在威斯康星州学校董事会的录音带上听到同样的论调）。

塞特隆采纳了他们的建议，一时之间他成了英雄。奥兰治县“赢得了”比周围其他公共实体更高的回报。为了维持自己的明星地位，他只能听命于他的衍生工具推销员，步步深入，难以自拔。他们带来了堆积如山的“创新性”工具，一个接一个，最后就像肯尼迪机场的飞机一样多。他们将县政府安全的投资作为抵押，“举债”购买越来越多的赌注。事实上，塞特隆利用县政府的资金抵押借入了更多资金，然后押宝在一个个高风险游戏上。同时，他还成为所有衍生工具机构竞相追逐的目标，他们把奥兰治县的交易视为大手笔。正如达斯所写的：

> 每个银行家和交易员都匍匐在他脚下，以便获得一笔业务。这里的钱非常多，非常好赚。经销商可以利用他们出售给奥兰治县的票据赚钱，他们可以通过用来对冲这些体系风险的衍生工具赚钱，他们可以通过借给奥兰治县的资金赚钱，周而复始。这是一棵众所周知的摇钱树。[1]

最重要的是，银行家们自己的钱一点风险都没有。他们以很低的代价利用奥兰治县的资金玩着自己的游戏。就好像是塞特隆在出钱资助那些银行家们跟他在一起玩赌博游戏一样。正如达斯所写的，银行家“获得了大笔便宜的资金，而无需担负任何风险，因为他们

---

〔1〕萨蒂亚吉特·达斯，《交易员、枪和钞票：衍生品花花世界中的已知与未知》，纽约：Prentice Hall/Financial Times，2006 年，第 214 页。

相信，自己已经对冲了所有的赌注风险。谁来为这次盛会买单？是奥兰治县的纳税人。”[1]

在那次投资热潮中，塞特隆获得的回报是其他县市的两倍。他成为地方财政界的老大。当另一位没能参与这场盛宴的衍生产品经销商质疑他的一些投资是否合理时，塞特隆回击说：“你不懂我们所运用的投资策略。我建议您不要来奥兰治县做生意。”[2]

当你在自己根本不懂的游戏中投的赌注越来越大时，幸运之神可能会在顷刻之间弃你而去。到了 1994 年，塞特隆桌子上的筹码堆积如山，其中包括价值 70 亿美元的县政府资金，银行家们将这部分资金办理了抵押贷款，总金额高达 200 亿美元。就连塞特隆的银行家们都开始担心，他们千万不能冒犯这个家伙，因为他们害怕自己可能会损失已经到手的利润。但他们并没有停下游戏的脚步。只要利率一直保持低位，情况就会稳步前行。

塞特隆照了照镜子，他看见了一个真正聪明的家伙。当被问及他为什么认为利率将继续保持低水平时，他回答说：“我是美国最大的投资者之一。我知道这些事情。”[3]（事实上，他在做出决定时头脑可能不是很正常。他后来说，他借助一张邮购的占星家图表作出了一些最出色的投资决策）。[4]

当格林斯潘在 1994 年宣布大幅上调利率时，赌场盛会戛然而止。塞特隆一夜之间几乎失去了所有的筹码：不仅包括损失高达 15 亿美元的投资组合，还有该县不得不在仓促间筹集更多资金用于抵押，以便保住众多的杠杆头寸。情况真是糟透了。1994 年 12 月 6 日，奥兰治县申请破产。穷人们受到服务业大幅削减的拖累，导致至少

〔1〕萨蒂亚吉特·达斯，《交易员、枪和钞票：衍生品花花世界中的已知与未知》，纽约：Prentice Hall/Financial Times，2006 年，第 214 页。
〔2〕萨蒂亚吉特·达斯，《交易员、枪和钞票：衍生品花花世界中的已知与未知》，纽约：Prentice Hall/Financial Times，2006 年，第 127 页。
〔3〕萨蒂亚吉特·达斯，《交易员、枪和钞票：衍生品花花世界中的已知与未知》，纽约：Prentice Hall/Financial Times，2006 年，第 215 页。
〔4〕鲍勃·贝克，“大陪审团称：灵媒、占星家影响塞特隆”，1995 年 12 月 28 日，http://www.newsthinking.com/story.cfm?SID=130。

1600 名该县工人丢掉了工作。[1]

事实证明，许多其他县政府也被他们贪求利润的银行家们诱骗至衍生工具的赌场。数十名公共部门资金的监护人无法抗拒不断增高的回报的承诺，并在这一过程中将公共部门的资金损失殆尽。经销商受到了处罚，有几个不得不以各种方式进行返还。尽管如此，主要的衍生工具银行、经纪公司和投资公司带着大笔收入安然无事地脱身了。至于利润和奖金，出现在衍生工具赌场里的一切都留在了那里。

* * * * *

让我们继续金钱这一主题。奥兰治县的情况与印尼方便面公司的情况一样，说明了精明的银行家利用不透明的金融工具诱骗他们将资本进行风险投资简直轻而易举。这些例子以及其他许多类似的案例（宝洁公司、吉布森贺卡公司等）都揭示了老练的衍生产品推销员和一窍不通的被敲诈对象的能力显然不在一个档次上。

然而，长期资本管理公司的倒闭表明，即使是最精明的对冲基金经理也可能倒在赌场上，而且将危及整个金融体系。事实上，更大、更聪明往往意味着更加危险（我们仍处于 20 世纪 90 年代，您肯定想知道我们为什么没有从这些事件中吸取更多教训）。

衍生产品交易界的领袖约翰 · 梅里韦瑟（John Meriwether）在 1994 年设立长期资本管理公司，该公司的许多做法被誉为对冲基金的黄金标准。此时的“对冲基金”一词已失去了原有的意义。不再是 20 世纪 50 年代这类投资基金刚问世时的操作方法，即将资金投入对冲基金，以规避您的投资风险。现在的情况与那时刚好相反，您把钱投入这些资金，目的是进入赌场与对冲基金的发明者

〔1〕詹姆斯 · 斯特恩古德，“奥兰治县破产：穷人最受伤”，《纽约时报》1995 年 12 月 5 日，www.nytimes.com/1995/12/05/us/orange-county-bankruptcy-the-poor-feel-the-most-pain.html。

们——老手们一起赌博。想要跟梅里韦瑟一起玩，您必须非常富有：加入他的对冲基金，您下的赌注至少要到 1000 万美元。下面来说说您得到了什么。为了获得与赌场大师对弈的特权，您需要向梅里韦瑟支付 2% 的总赌金作为手续费，外加您收益的 25%。1994 年，他已经从投资者手中聚敛了 15 亿美元的赌注，仅 2% 的签约金就高达 3000 万美元。

公司创立之初便已经声势浩大：梅里韦瑟身边云集了业内最聪明、最好的交易员，其中包括十几名博士，以及他的两位前金融学教授。他们肯定能够一次又一次地左右赌场的赔率。此外，他们已经得到了启动需要的所有现金：主要投资银行给予了他们数十亿贷款，而且通常都不需要抵押品。几年后，该公司的价值增长至 47 亿美元左右。他们利用这笔资金进行抵押贷款，又借入另外 1250 亿美元。然后，他们设计了衍生工具，再次下注，这时其总金额高达 1.25 万亿美元。这可是相当可观的一堆筹码（总共超过 100 万堆，每堆里面有 100 万个筹码！）。

起初，梅里韦瑟和他的公司采取相对安全、保守的策略，他们在不同市场搜寻价格略有差异的类似产品进行投资。他们知道，同种产品迟早会以相同的价格结束，因此他们便购入价格较低的，并卖出价格较高的，直到价格持平。这就是所谓的套利。[1] 当您把数十亿资金投注在这种交易上时，您的确可以赚到真金白银。虽然 1994 年对整个华尔街来说是一个灾年，但梅里韦瑟基金的初始股本却获得了 28% 的回报率。让我们先停下来做道数学题。15 亿美元的 28% 是 4.2 亿美元——作为一支基金整体回报来说，很不错。梅里韦瑟和他的伙伴们拿走了其中的 25%，约合 1.05 亿美元。很好。

更好的在后面。1995 年，他们又一次在利率博弈中幸运地获胜。

---

〔1〕Investopedia.com 解释称，套利是“同时买入和卖出资产，以赚取价差利润。这是一种交易形式，它利用不同市场或不同形式的相同或相似的金融工具的价差牟利。套利的存在是市场效率低下的产物；这种市场提供了一种机制，能够确保价格在长时期内不会大幅偏离公允价值”。

1995 年 1 月，日本神户发生大地震，导致利率市场波动幅度增大。拜这一偶然机会所赐，他们押宝的一些产品大幅升值。这一年，他们“获得”的回报率高达 59%。1996 年，他们继续毫无悬念地在对其他国家的利率押宝游戏中中奖，因为他们已经与多家海外央行建立了密切的联系。这一年，其资本的回报率为 44%。试想一下，连续三年获得 28%、59% 和 44% 的高额回报，您肯定觉得这帮聪明的家伙深得幸运之神的眷顾。

经济理论告诉我们，随着越来越多的企业进入这个利润丰厚的市场，竞争将会加剧，进而促使收益回归全国平均水平。事实上，到了 1997 年底，梅里韦瑟的公司也开始感受到压力。现在市场上特殊的投注机越来越难找，因为许多新进的对冲基金让市场中人满为患。因此，长期资本管理公司 1997 年的回报率下降到“只有”17%。

随着他们积聚的剩余资本越来越多，对其进行妥善投资就变得越来越困难。弗兰克 · 帕特洛伊（Frank Partnoy）在《传染性贪婪》一书中写道，1998 年，梅里韦瑟和他的伙伴们“同意削减其基金规模（约 30 亿美元），因为他们担心可能无法找到相当理想的投资……”。[1] 这就是资本主义的拿手好戏。高利润引来了更多玩家，而能够获取超额利润的空间已经所剩无几。

但长期资本管理公司认为他们拥有最优秀的人才。他们还认为已经做好了最坏的打算。他们把一大堆赌注压在了不同的赌桌上，自认为能够有效地规避所有风险。他们觉得这些赌局的关联性不大，因此所有赌注同时输掉的情况根本不存在。在技术方面，他们认为他们的投资是不“相关的”。对此，帕特洛伊这样写道：“他们认为投资组合的多元化足以让自己幸免，即使轮盘上的小球接连几次都落在黑色块上。”[2]

---

〔1〕弗兰克 · 帕特洛伊，《传染性贪婪：欺骗和风险如何摧毁金融市场》，纽约：亨利霍尔特公司，2003 年，第 255 页。

〔2〕弗兰克 · 帕特洛伊，《传染性贪婪：欺骗和风险如何摧毁金融市场》，纽约：亨利霍尔特公司，2003 年，第 260 页。

然而，1997—1998 年市场遭遇金融风暴。许多对冲基金将赌注押在发展中国家身上，希望博个好彩头。然后，俄罗斯发生债务违约。曾大量向对冲基金放贷的银行都要求更多抵押品。对冲基金不得不出售资产，提供所需的抵押品，而这导致资产价格大跌。一时间，噩耗连连。帕特洛伊写道：“长期资本管理公司预想的所有不相关的赌注在同一时间全部遭遇不测。小球不停地落在黑色块上，一次又一次。”[1]

艾伦·格林斯潘和克林顿的财政部长罗伯特·鲁宾担心，如果长期资本管理公司宣布破产，可能将引发体制性危机。他们明白，复杂的衍生工具已经将长期资本管理公司与全球各大银行和交易员串在了一起。如果长期资本管理公司倒闭，可能引发多米诺骨牌效应，导致银行关门。但是，美联储拒绝救助该对冲基金，担心这会造成道德风险。因为如果对冲基金公司知道他们的势力可能已经大到不能倒闭，那么所有对冲基金都会更加肆无忌惮。因此，美联储向一个由 14 家主要银行组成的财团（曾向长期资本管理公司贷款）施压，要求他们提供 36 亿美元的救助并接管该基金。一触即发的国际性金融危机被逆转。

看见一群最棒、最聪明的人倒在了衍生工具上，您会认为，格林斯潘和鲁宾会出台监管政策，调节这个虚幻的衍生工具市场。那您可就想错了。

* * * * *

与艾伦·格林斯潘如雷贯耳的大名不同，布鲁克斯利·伯恩（Brooksley Born）并不为公众所熟悉。在她担任美国商品期货交易委员会主席期间，在格林斯潘和鲁宾的无视当中，全力呼吁对衍生工具进行规管。

---

〔1〕弗兰克·帕特洛伊，《传染性贪婪：欺骗和风险如何摧毁金融市场》，纽约：亨利霍尔特公司，2003 年，第 260 页。

伯恩女士是一位教师的女儿，她的父亲曾是旧金山公共福利机构的负责人。伯恩在20世纪50年代末和60年代初就读于美国斯坦福大学。在当时，就算是才女也很难找到一份真正有意义的工作。她想当医生，但辅导老师告诉她，她应该做护士。如果她不这样做，就表明她缺乏同情心，应该远离助人职业，另谋高就。大学期间，伯恩学的是英语。而当她了解到凭借自己的英语学位找到一份工作有多困难时，她便进入了斯坦福大学法学院深造。

在伯恩1962年上课的班级中，共有165名学生，她是10名女生之一。有些男同学对此很不高兴：“在我进入法学院的第一年，就有男同学告诉我，我在做一件可怕的事情，因为我的加入使得另一个男人不得不应征入伍，前往越南，而且可能会被打死。这种事情真的让人无力招架。在那个时代，如果男人无法延期毕业，就得应征入伍。”[1]毕业后，她找到了一份为一名自由的联邦法官担任办事员的工作，然后成为华盛顿特区阿诺德和波特公司的合伙人。她非常推崇这家公司，因为它曾为20世纪50年代麦卡锡主义的受害者大力辩护。虽然身为一名律师，但她却对国际贸易产生了兴趣——最后开始受理国际客户与衍生工具有关的案件。她对妇女问题也很热衷，她在华盛顿特区开设了第一个“妇女法”授课班，并在工会和集体谈判中赢得了众人的尊重（她也参与了亨特兄弟垄断白银市场一案的诉讼，该案件因喜剧电影《颠倒乾坤》而闻名于世）。伯恩是克林顿政府公共服务部的理想人选。

1995年，商品期货交易委员会主席离职，伯恩继任。这一职位让她卷入了衍生工具的规管纷争。与其他众多国会成员和工作人员不同，她清楚地知道衍生工具是怎么回事，尽管这次任命只是偶然为之。

里根任命的最后一位商品期货交易委员会主席是温迪·格拉姆

---

〔1〕本段及后面引用的伯恩的讲话出自于“与布鲁克斯利·伯恩的对话”，最初刊登在2003年10月的 Washington Lawyer 上，www.dcbar.org/for_lawyers/resources/legends_in_the_law/born.cfm。

（Wendy Gramm），德克萨斯州共和党参议员菲尔·格拉姆（Phil Gramm）的妻子。她担任主席的最后一项举措是，授予一个正式监管机构豁免权，允许在不受管制的场外交易市场进行衍生工具交易。实际上，她是在为衍生工具赌场的开张剪彩。正如伯恩所描述的："市场完全不透明。不管是委员会还是其他任何联邦监管机构都不知道那个市场里面究竟在干什么！"

长期资本管理公司破产时，正逢伯恩担任商品期货交易委员会主席。正如她所说："一些大型场外衍生品交易商不得不要求救助，因为在他们价值 1.25 万亿美元的衍生工具合约背后，只有不到 40 亿美元的资本支撑。"（换句话说，它用手里实际拥有的每 1 美元骗取了 312.50 美元）。

伯恩所接受的培训和经验告诫她，这是"一场噩梦，总有一天要爆发"。她在 2003 年表示："我意识到美国市场乃至世界经济存在着一个巨大的危险隐患。"于是，她小心翼翼地提出了监督衍生工具的建议，她认为这是一个自己职权范围内的问题。她回忆说："委员会在《联邦公报》上发布了公告，征集这一行业和其他认为需要对场外衍生产品交易市场进行更多监督的专家的意见。"换句话说，她准备考虑取消温迪·格拉姆此前的监管豁免。

或许她也曾放话要打击华尔街。她的这一做法立刻招致来自衍生产品产业、美联储主席艾伦·格林斯潘、美国证券和交易委员会负责人亚瑟·莱维特（Arthur Levitt）甚至财政部长鲁宾的强烈反对。《纽约时报》报道称：

> 1998 年 4 月 21 日，联邦政府负责金融监管的高级官员在财政部用木板装饰的会议室中召开了一次会议，集中讨论伯恩女士的提议。商品期货交易委员会的高级主管格林伯格先生和莱维特先生称，在会议上，鲁宾和格林斯潘恳求她重新考虑一下这项提议。
>
> 但伯恩女士不为所动，继续推行她的计划。1998 年 6 月 5 日，格林斯潘、鲁宾和莱维特请求国会阻止伯恩女士的行动，直到其他高级监管人员提出自己的建议。莱维特说，他现在非常后悔自

己当初的决定。在这件事情上，格林斯潘和鲁宾已经达成"攻守同盟"。他说："他们两个人竭力反对这项提议，并说服我相信，这样做会导致市场动荡……"

"格林斯潘对布鲁克斯利说，她实际上并不知道自己在做什么，她的所作所为会引发一场金融危机"。当时担任该委员会高级主管迈克尔·格林伯格（Michael Greenberger）说："布鲁克斯利并没有和这些人打过网球，她也没有和他们共进午餐的经历。这让人感到，这个女人并不属于华尔街。"[1]

最终毁掉控制场外衍生工具所有努力的是菲尔·格拉姆，这位参议员在1999年的政府预算案中成功插入了一项修正案，将商品期货交易委员会的监管权限冻结了6个月之久。在此期间，没有听证会，没有讨论。一年后，格拉姆又在关键时刻提交了一份长达232页的综合预算案修正案——《商品期货现代化法案》。他似乎是国会中唯一能够理解这项法案的成员。格拉姆在参议院辩称，豁免所有衍生产品免于监管，将"保护金融机构不受过度管制"以及"让我们的金融服务行业在步入新世纪时成为世界的领袖"。[2]该法案获得议会批准，并在克林顿总统签署后生效。该法案被视为给予安然公司的礼物，当时的安然公司已经一头扎进了衍生产品行业，难以自拔。温迪·格拉姆进入安然公司董事会，赚了上百万美元。随后，布鲁克斯利离职而去，并从律师事务所退休，继续从事华盛顿地区妇女问题的支持工作。

---

〔1〕彼得·S.古德曼，"清算：重新审视格林斯潘的传统"，《纽约时报》，2008年10月8日，www.nytimes.com/2008/10/09/business/economy/09greenspan.html。

〔2〕大卫·科恩，"Foreclosure Phil" Morther Jones，2008年7月/8月。但给这家伙信贷：在新的世纪，我们的金融业居世界领先地位……就在悬崖上。www.motherjones.com/news/feature/2008/07/foreclosure-phil.html。

* * * * *

在我们毫不客气地抛弃格林斯潘对所有个人自由及衍生工具的热爱之前，我们要问一个关键问题。伯恩女士所想的那种监管改革能够阻止当前的这场金融危机吗？

伯恩希望增加衍生工具行业的透明度——一种能够让所有投资者看清楚哪些人之间确立了何种衍生品交易关系的政策。她还希望交易员和经销商务必公开和诚实地开展业务，他们的账簿能够准确地反映出这些复杂交易所涉及的资产和负债。但她并不希望毁掉衍生产品市场。她指出：“这些工具可以用来减少经济风险，它们当然是非常宝贵和有用的经济手段。”[1]她只是希望防止这些工具引发“巨大风险”——就像已经在长期资本管理公司发生的，以及即将在安然公司发生的。

与格林斯潘的高谈阔论一起被埋葬的是一个引人注目的论断：这种监管制度是行不通的，即使它是可取的。他和许多人认为衍生工具的适应性非常强，只要我们批准监管规则，它们便会立即被改造，以规避规则。衍生工具的邪恶天性在于它可以被制作、重新包装、剥离、拆分、切割或粘合成几乎各种规模和形状。因此，即便只是想让它们完全透明都很难做到。即使我们在这个国家控制住了衍生产品，但却很难阻止一些较小的国家成为新的衍生品交易市场，因为回报将是巨大的：上万亿美元的交易。所以，除非能够号召全世界一起对衍生工具进行规管，就算如此，它们可能还是会想方设法找到庇护所。就像很难管理成年人之间的财务关系（或赌博）一样。

这种说法有可取之处。衍生工具交易员很可能会找到一种方式来逃避总审计局和伯恩提出的温和的监管形式。强大的衍生品行业的说客们很可能会针对这类规管提出诸多警告。“保护金融创新”就是他们在国会唱的战歌。因此，尽管伯恩的努力应该获得高度赞

〔1〕“与布鲁克斯利·伯恩的对话”。

誉，但她的做法最多也只是迁就衍生产品，因此没有太多效果。

当然，让衍生工具肆无忌惮地横行将引发灾难。但控制它们将需要很大的政治意愿。我们看到衍生工具造成的众多严重破坏将促成那种意愿。这将需要……体制性崩溃之类的灾难。就像目前这样。

现在，我们最大的银行、最大的保险公司和最大的抵押贷款机构基本上已被国有化，进行广泛的监管改革的时机已经成熟。但其中也存在许多可能不会那么容易就被解决的顽固问题。如果资本主义制度中出现了将导致资产通胀、虚假繁荣、然后崩溃的基本趋势怎么办？精心设计的法规能否真正解决这些问题？我们将在最后几章探讨这些主题。但现在我们要穿上核生化防护衣，近距离研究华尔街的资产毒垃圾。

第六章

故事的起源

2008 年的经济危机让很多不法之徒感到绝望。对华尔街大亨及其数亿美元的奖金和退休礼包有何影响？那些不计后果放贷的抵押贷款经纪人呢？那些大举进行杠杆投注的对冲基金投机分子呢？没能实施有效监管的艾伦·格林斯潘和美联储呢？还有那些试图购房却无力负担的次级债借款人呢？他们的命运如何？还有我们这一群欠了一堆信用卡债务的普通民众？（威斯康星州的民众或许也会在问题表中添加一些疯狂的银行和投资公司。）

当面对这样一系列复杂的灾难性事件时，媒体通常会沉痛地说：“我们都有错。”我们所有人都是在寅吃卯粮，而现在我们正在为此付出代价。从优秀的亿万富翁、对冲基金的操盘手到身无分文却认为自己能够赌到一栋 40 万美元房子的笨蛋，我们都债台高筑。威斯康星州几所学区的悲惨故事或许会在已经退休的学校教职员工（他们认为自己已经挣得了医疗福利）、学校董事会领导（他们一心想要加入华尔街的骗局）和诱骗当地各学校董事会上当的当地经纪人、银行和投资公司中间流传。在每个地区，已经到了我们每个人为自己的挥霍无度承担全部责任的时候了。忏悔吧，你们这些罪人！

故事很有感染力。当我们都感到受了伤害时，在危急关头拿出来分享会让伤痛得到舒缓。但这种故事从未发生过。我们可能是一直在过着入不敷出的生活，但大部分人几乎与危机和毁了我们经济的资产毒垃圾没有任何关系。虽然我们当中有很多人可能偶尔会去享受一下小赌的乐趣，但只有精英们才能够玩转虚幻的高级金融。

等等，还有掀起整个危机的房地产泡沫呢？罪魁祸首不就是那些获得了贷款却无力还贷的边际买家吗？不就是那些政府资助的抵押贷款机构——房地美和房利美贷款给那些低收入群体买房的吗？

保守派正在沿着这一条线进行攻击，目的是轻松地维护其自由市场的意识形态。罪魁祸首的罪名再一次落到了政府头上！

他们将矛头直接指向民主党，据说民主党向抵押贷款机构施压，迫使他们放松对低收入的少数族裔购房者的贷款标准。在这种情况下，一群理应受罚的自由主义政治家首先在 1977 年出台了不明智的《社区再投资法》，迫使银行为低收入少数民族群体贷款，然后再施压促使房地美和房利美购买这些高风险抵押贷款。

拉里·库德洛（Larry Kudlow），这个美国全国广播公司财经频道的自由市场鼓吹者，在一次节目中向微软全国广播公司（MSNBC）的前佛罗里达州共和党众议员乔·斯卡伯勒（Joe Scarborough）坦露了实情（全面披露：1970 年，我和拉里及比尔·克林顿在康涅狄格州共事，一起帮助反越战候选人约瑟夫·达菲（Joseph Duffey）竞选美国参议员席位，后来竞选失利。当时，库德洛似乎提倡自由主义，但同时又与左倾分子若即若离）。

库德洛：现在是国会、共和党和民主党停止鼓励——劝告并迫使银行向没有担保的低收入阶层贷款的时候了。停止这么做——字面上的意思不要促使这些贷款人为低收入阶层贷款。

斯卡伯勒：等一下。你不能把这个问题记到想买房子的低收入人群头上。

库德洛：我不是在怪罪他们……次贷，次级贷款是美国国会在 20 世纪 90 年代和 21 世纪初创造的一种怪物。

斯卡伯勒：你是说，是穷人造成了这场危机？

库德洛：不是穷人。国会议员都是富人。但他们自由而内疚的良知迫使银行和贷款机构进行糟糕的次级类贷款，而这必须被废除……不是每个人都能买得起房子，乔。有些人得租房子……

斯卡伯勒：这位是美国全国广播公司财经频道库德洛公司的拉里·库德洛，现在是晚上7点，您还将在节目里了解到应该对肯尼迪遇刺负责的也是穷人。[笑声][1]

我们先来分析一下《社区再投资法》（CRA）。很少有证据表明，这部法案对房地产泡沫的形成和破灭造成了重大影响，更不用说对整个经济了。但这部法案的确要求银行给予低收入社区居民更多贷款。该法案出台的目的是消除拒绝为整个街区贷款的信贷歧视（俗称的“划红线”）。来自这些街区的少数族裔的贷款申请很容易被拒绝，即使他们的财政资质好于白人社区的购房者。2008年2月13日，在众议院金融服务委员会会议上，前克林顿政府财政部官员、法学教授迈克尔·S. 巴尔（Michael S. Barr）从下列角度说明了《社区再投资法》的作用：

超过半数的次级抵押贷款是由不受联邦政府全面监管的独立抵押贷款公司进行的，另有30%的这类贷款的源头是不受常规检查或监督的银行或储蓄机构的分支机构，而剩余的20%则来自于银行和储蓄机构。虽然理智的人们不一定完全同意对这些证据的阐释，但我本人认为，在联邦监管最少的机构中出现了最恶劣、最广泛的滥用职权现象。[2]

旧金山联邦储备银行总裁珍妮特·L. 耶伦（Janet L. Yellen）也认识到《社区再投资法》贷款和次级住房危机之间的明显差

[1] 2008年9月17日，微软全国广播公司《早安，乔》，www.youtube.com/watch?v=xI1H1Eg4GJU。

[2] “密歇根大学法学院法学教授迈克尔·S·巴尔为美国众议院金融服务委员会就《社区再投资法：30年的成就，但挑战依然存在》举行听证会所准备的证词”，2008年2月13日，第4页，www.house.gov/financialservices/hearing110/barr021308.pdf。

异。她在 2008 年 3 月 31 日表示：

> 一直以来有种倾向力图将目前次级抵押贷款市场存在的问题与《社区再投资法》贷款混为一谈，或者与向普通低收入家庭贷款联系在一起。我认为明确区分这两者非常重要。存款机构根据《社区再投资法》规定进行的绝大部分贷款都不属于高价贷款，许多研究已经表明，《社区再投资法》已经提高了向中低收入家庭提供负责任贷款的数量。[1]

Traiger & Hinckley LLP，一家就《社区再投资法》合规性为金融机构提供咨询服务的律师事务所，也没有发现该法案促成次贷危机的证据。在其第三次对公共自置居所按揭贷款数据的年度分析报告中，他们写道："我们的研究得出结论是，执行《社区再投资法》的银行远不可能像其他贷款机构那样提供助长目前止赎危机的各种高风险的自置居所贷款。"[2]

保守派最猛烈的炮火来自于美国企业研究所的彼得 · J. 沃力森（Peter J. Wallison）和查尔斯 · W. 卡罗米瑞斯（Charles W. Calomiris）。他们在《最后亿万美元的承诺》一书中对房地美和房利美开炮。他们认为，房地美和房利美背后的整体思路是有缺陷的。政府设立两房的目的是便于低收入者拥有住房——通过购买当地银行和抵押贷款公司的抵押贷款，然后作为证券出售给投资者的方式。然而，这两家机构却是由私人运作，其决策层是一群寻求回报和薪酬最大化的股东和首席执行官。由于得到了联邦政府的默契支持，房利美和房地美能够在资本市场上获得更便宜的资金，因此比私营

〔1〕珍妮特 · L. 耶伦，"2008 年全国多机关社区再投资会议开幕致辞"，2008 年 3 月 31 日，www.frbsf.org/news/speeches/2008/0331.html。

〔2〕《社区再投资法：一个止赎危机中颇受欢迎的异类，《社区再投资法》制止在美国人口最多的 15 个大都市地区进行不负责任的借贷"，2008 年 1 月 7 日，Traiger and Hinckley LLP 律师事务所编写，www.traigerlaw.com/publications/traiger_hinckley_llp_cra_foreclosure_study_1-7-08.pdf。

部门企业具有（不公平的）优势。两位作者认为房地美和房利美承担了太多风险，因为他们知道，在紧要关头，政府将施以援手（事实的确如此）。

沃力森与卡罗米瑞斯声称，抵押贷款界的巨头房地美和房利美触发整个金融危机的时间可追溯到 2004 年——他们首次开始大规模投资于垃圾抵押贷款。他们写道："市场上这种对垃圾贷款承诺的大幅增加可能在很大程度上归咎于房利美和房地美发出的信号：他们准备大量购买这种贷款。"[1]"嘭"的一声，发令枪响了。比赛正式开始，世界各地的主要金融中介机构立刻加入这场混战。然后一切又轰然倒塌。

沃力森与卡罗米瑞斯认为，房利美和房地美从根本上将整个市场引入歧途。"房利美和房地美与国会的特殊关系是导致毁灭的原因，因为国会默许他们不遵守市场纪律——贷款人的警告——不让公司管理层承担不可接受的风险。"

《国家杂志》专栏作家斯图尔特·泰勒（Stuart Taylor）的言辞更加直接。他写道，沃利森和卡罗米瑞斯的研究说明："房利美和房地美似乎在造成目前的这场危机中发挥了重要作用，部分原因是他们的准政府地位违反了健康、自由企业制度的基本原则，允许他们将利润私有化的同时将风险社会化。"[2]

《华盛顿邮报》的编辑部再接再厉："我们眼前的危机不是自由市场造成的，而是由一个扭曲的市场造成的。"[3]

自由市场没错，错的是政府的干预。房地美和房利美，这两家全国最大的抵押贷款买家，被自由主义者扣上把美国梦送给穷人的帽子。因为他们"不遵守市场纪律……不让公司管理层承担不可接

〔1〕彼得J.沃力森和查尔斯·W.卡罗米瑞斯，《最后亿万美元的承诺：房利美和房地美的毁灭》，美国企业研究院金融服务展望，www.aei.org/publications/pubID.28704/pub_detail.asp。

〔2〕斯图尔特·泰勒，"房利美和房地美大开水闸"，《国家杂志》，2008 年 10 月 18 日，www.nationaljournal.com/njmagazine/or_20081018_3384.php。

〔3〕"资本主义灭亡了？失败的市场并不自由"，《华盛顿邮报》编辑部，2008 年 10 月 20 日，www.washingtonpost.com/wp-dyn/content/article/2008/10/19/AR2008101901416.html。

受的风险”，因为他们同意给那些没有开公司的中低收入者提供购房贷款。每个向这些贷款投资的人都上当受骗了；他们不得不以便宜的价格卖掉房子，以便挽回部分所遭受的损失。而这导致整个社区房价崩溃，止赎蔓延。金融机构和投资者遭受的损失越来越多，银行和投资机构倒闭。整个银行体系摇摇欲坠，信用卡冻结、整个经济遭受重挫。这一切都是政府的过错——特别是在库德洛这群非常具有同情心的自由主义者看来。

不一定。与沃利森、卡罗米瑞斯等所说的恰恰相反。“市场纪律”并没有驯服“企业管理层承担不可接受的风险”。金融业激烈竞争创造了有史以来最疯狂的赌场：风险越大，利润越高。市场纪律（追求利润的竞争性驱动）是促使而不是抑制他们前进。自由市场理论家无法应对显而易见的事实：不受监管的金融市场自行崩溃，而现在正威胁我们要我们陪葬。事实上，自由市场纪律失效所引发的灾难曾迫使热爱自由的布什政府不得不将许多银行机构收归国有。还是检讨自己的问题吧！

至于房利美和房地美，他们并不是引发我们目前这场危机的元凶。他们购买的不良抵押贷款既不是《社区再投资法》造成的，也不是他们不遵守市场纪律的结果。这并不是说，房利美和房地美堪称集公共美德于一身的典范。事实上，他们弄得一团糟。但问题在于，是市场压力迫使他们投身衍生工具的赌场。他们并不是始作俑者。

仔细分析沃利森和卡罗米瑞斯对房利美和房地美所列的罪状可能会帮助我们找到真正的罪魁祸首。

没有房利美和房地美承诺购买这些证券化的AAA级份额，就可能不会形成次级抵押贷款集合资金并在世界各地兜售……因此，他们不仅因为在2005—2007年这三年间过度购买次级抵押贷款破坏了自己的财务状况，同时也在削弱或摧毁美国及国外其他金融机构和投资者的偿付能力与稳定方面发挥了重要作用。[1]

〔1〕沃利森和卡罗米瑞斯。

看看这段话中那些自相矛盾的地方：一种被评为AAA级（由信贷机构给出的最高、最安全的债务评级）的产品怎么同时又是“次级贷款”？AAA评级应该是非常、非常的安全，应该绝对不会构成房利美、房地美或世界各地其他投资者的问题。但如果它真的是次级垃圾，如何会获得AAA级评级？房利美和房地美可以因为轻率而受到指责，但购买AAA级证券显然不能成为罪名。

我的对冲基金线报对我说：“这个时候，人们已经知道，评级完全是胡说八道。”因此，房利美和房地美应该明白了，他们是在赌博而不是在进行合理的投资。这点毫无疑问。房利美和房地美不应承担许多罪名，其中包括把大量赌注押在标示错误的证券上。但正如经济学家迪恩·贝克（Dean Baker）在说明经济危机的原因时所言：“重要的一点是要明确房利美和房地美是追随私营部门进入这个领域的。事实上，他们在这一市场已经被私营部门抢走了很多份额。”[1]

但有一个更大的概念问题是库德洛等保守派选择不去理会的。整个次级抵押贷款市场总量“只有”1.3万亿美元，约占我国家庭资产净值的2%。据可信的损失估算，次级抵押贷款和下一个风险最大的贷款——“Alt-A”所造成的损失约为3000亿美元（两种类型的风险贷款各占一半）。[2] 区区这点资金如何摧毁世界经济？或者我们换种方式说：如果高风险抵押贷款的潜在违约总额只有3000亿美元，那么可以肯定上万亿美元的联邦银行救助足以解决整个问题，然后还有剩余。但事实是，并没有。也就是说，还有一些威力更强大和更可怕的问题潜伏着，线索就隐藏在那些创造出垃圾债券的AAA级证券中。

它们是什么？它们为何会破产？它们又如何摧毁了整个金融

---

〔1〕迪恩·贝克，《掠夺与错误：泡沫经济的兴起和破灭》，加利福尼亚州索萨利托：PoliPointPress，2009年，第85页。

〔2〕《纽约时报》，“估算：加总银行的损失”，基于RGE监测数据的图标，2009年2月12日，www.nytimes.com/imagepages/2009/02/12/business/20090213_INSOLVENT_graphic.html。

体系？

* * * * *

进入21世纪后，我们的经济经历了严峻的考验。先是互联网泡沫膨胀和破灭，然后9·11事件的打击。随着经济逐步下滑、步入衰退，美联储主席艾伦·格林斯潘采取大幅降息的措施予以应对。许多人认为，这种手段过度刺激了房地产部门。当然，也为衍生工具打开了一展身手的广阔空间。此时的格林斯潘已经多次成功击退尝试对衍生工具进行规管的努力，他对自由的金融市场能够自我监管极度自信。在谈到这一时期时，他在回忆录中写道："最糟糕的[衍生工具]是失灵了，投资者已经不再对其投资，而且未来估计也不会了。"[1]

不幸的是，这只是格林斯潘的马后炮。最糟糕的衍生工具就像电影《异形》中的外来生物那样附身于房地产市场的繁荣。

随着利率显著下降，尤其是长期利率，抵押贷款利率也随之下降。这反过来又增加了对房屋的需求。由于利率较低，每月按揭还款也较低，因此购买第一套房，换一套更好的房子，或者购买第二套房的负担相对较轻。而且也可以更容易将现有的房子出手。与此同时，低利率还有助于建房者为项目融资，从而增加房屋供应量。

更重要的是，在利率下降后，资产的价值提高了。我总觉得这有点奇怪，但下面的这个例子可以让我们更明白。举例来说，您有一张为期30年、价值10 000美元、年利率为6%的政府债券。这意味着您每年会收到600美元的利息。试想，长期利率大幅下降，现在政府正在出售的30年期国债的利率只有3%。因此，这批新的10 000美元债券每年只能提供300美元的利息。显然，您手上原有的30年期国债比现在新发行的更值钱。而原来债券（取决于其到期

---

〔1〕彼得·S. 古德曼，"清算：重新审视格林斯潘的传统"，《纽约时报》，2008年10月8日，www.nytimes.com/2008/10/09/business/economy/09greenspan.html。

日）可能相当于现在的20 000美元（20 000美元 × 3% = 600美元）。因此，资产价值的确增加了。房子也是一种资产，因此其价值也将随着利率的下降而增加。而当资产价值上升，我们认为自己更有钱了，从而愿意花更多的钱。当人们看到自己的房子在增值，他们就会拿出更多房屋净值贷款改造厨房、买新车，或送孩子上大学。

我们把抵押贷款的利率非常低、房屋承建商贷款的利率低、房屋升值以及家庭开支需求增大等因素放在一起分析，结果造成了房地产市场的繁荣。但是，这并不能完全解释在世纪之交前开始出现的住房价格爆炸式增长。

我们其他人见到的只是一个房地产市场的繁荣，但衍生产品行业见到的却是有史以来最大的一个镀金赌场。世界即将成为他们的私人拉斯维加斯。他们早已准备就绪，因为他们已经制作了一套非常适合房地产赌场的衍生产品游戏。

金融创新为的是解决具体金融问题。这里就出现了一个问题。银行向你提供贷款，以便你能购买住房。贷款银行会获得一笔手续费（通常为贷款总额的 1%–3%，作为贷款手续费），对银行或按揭公司来说，这是一笔很棒的收入。然后银行在未来 15 年或 30 年每月向你收取月供和利息。对于银行的那部分资金来说，这段时间相当长。银行希望尽快将这部分贷款回笼，这样就能办理更多抵押贷款、赚取更多利润丰厚的手续费。对银行而言，这才是真正赚钱的地方。相比之下，坐等月供和利息几乎无利可图。因此便出现了摆脱贷款的想法——将贷款卖给其他人。

在大萧条时期，住房市场已经陷于停顿状态，新政（而不是私营部门）通过建立金融机器来解决这一问题，其中包括成立于 1934 年的房利美。房利美的任务是收购当地银行的抵押贷款——只要借款人拥有一份正当的收入、良好的工作记录及大笔首付款。[1] 始发银行继续为其贷款提供相关服务，代表房利美收取按揭付款。但

〔1〕有关新政住房计划的简要说明，见罗伯特·J. 席勒（Robert J. Shiller）《次贷解决方案》，新泽西州普林斯顿：普林斯顿大学出版社，2008 年，第 11—16 页。

贷款已经从本地银行的账簿中消失了，这使得银行拥有更多资金继续贷款。随后，房利美将附带有联邦担保的贷款出售给投资者，即便房主违约，投资者也不会遭受损失。

20 年后，联邦政府发明了另一个关键金融工具——抵押贷款证券。这类证券主要用于由政府机构，如退伍军人管理局、公共和印第安住房办公室等，办理的抵押贷款。为了提高向投资者出售这些贷款的效率，国会于 1968 年成立一个新机构，政府国民抵押贷款协会（俗称“吉利美”）。该机构将所有政府支持的贷款汇集在一起，分割并融合成证券（“证券”只是形容金融工具的另一种说法，是一种可转让、具有价值（因为其受益流动性）的工具。“证券化”是一个过程，包括从以前不能轻易买卖的受益流动中创造这些证券。每个包含数以千计抵押贷款的集合基金都可以被分割、融合成数百个独立的证券）。随后，吉利美将这种证券卖给投资者，所有证券均由联邦政府担保。每个集合基金都包含成千上万个符合政府贷款标准的优良的家庭贷款。吉利美的每种证券都能够追踪到既定的集合基金，此外，该机构还以固定利率为投资者返还的每笔月供支付手续费。[1]

对有些投资者来说，这是个问题，因为你不知道这种证券能持续多久，因为有时贷款人会提前还贷。如果利率下降，许多业主都会急于再融资。这时，吉利美的集合资金就会不复存在，投资者可以立即收回剩余的份额。你不会有资金损失，但很多投资者想知道他们的投资究竟会持续多长时间。

这种不确定性为交易员提供了一个可乘之机。很快，他们便发明了金融产品（衍生工具），或多或少拉开了吉利美支付利息与月供手续费之间的距离。支付一笔费用，你可以购买一种吉利美衍生产品，这将在一个固定的时期内以固定利率向你支付利息，你也可以购买月供支付，赌一下业主再融资的速度。

---

〔1〕有关吉利美的说明，请登录 www.ginniemae.gov/about/about.asp?subTitle=About。

这只是衍生产品经销商试探性的一小步，他们在查看是否存在一个与联邦政府无关的巨大的抵押贷款市场。具体来说，的确有一些边际买家的贷款不属于优质贷款（“A 类”），而是“准优选级放贷”（Alt-A 类，比优质贷款风险高），甚至是次级贷款。这些买家不具备获得联邦政府补贴的资格，并未被纳入房地美和房利美的主流联邦贷款回购名单中。

明白了吧！边际买家 = 更高的利率 = 更高的手续费。非常有吸引力，尤其是在一个利率不断下降的时代——如果违约风险能够被控制的话。为什么不借用吉利美的战略在这些逐步壮大的边际买家身上做文章呢？如果我们能集合这些高风险贷款并使之“证券化”，我们就可以把这些债务卖给全世界的投资者。衍生产品经销商可以通过制作和出售证券，并在二级市场中贩售这些证券发家致富。毫无疑问，金融工程界的天才们可以将其作为一个派生许许多多衍生工具的平台，满足饥渴的投资者进行一些额外投机的欲望。

但转念一想，简单复制吉利美的模式是行不通的。因为这些次级集合基金是有风险的，新的抵押贷款证券绝不会像吉利美证券那样被给予 AAA 评级（最高评级），当然也不会获得政府的支持。

次级抵押贷款的风险实在太大。其实，它们与垃圾债券相差无几，因此，是一种投机性非常强的投资，而这将限制投资者市场的发展。由于规管限制，许多机构投资者不能进行大规模投机性证券投资。例如，养老基金，政府规定保险公司和银行只能利用养老基金购买被给予“投资级”或以上评级的证券，并明令禁止购买任何具有垃圾状态的债券（这意味着这类债券的风险太大，无法获得评级）。所以，收集次级抵押贷款的做法是行不通的。一切又回到了原点。

* * * * *

输入金融工程天才。首先出现的是一位名叫拉里 · 芬克（Larry Fink）的家伙，他于 1983 年进入第一波士顿银行（代表房地美），与一个金融小组一起工作。芬克发明了一种名叫房产抵押贷款债券（CMO）的产品，用来配合符合房地美和房利美标准规定的大量低风险抵押贷款。

著名金融专家萨蒂亚吉特·达斯称："垃圾债券之王迈克尔·米尔肯于 1987 年在现已解散的德雷克塞尔伯纳姆兰伯特公司发明了第一种债务抵押债券。"[1] 他将芬克的想法运用到了一堆垃圾债券上。新债券很快就成为市场中的一个超级的赢家……直到成为一个打破世界纪录的输家之前（请注意听，白鱼湾、肯诺夏、金佰利、瓦克夏和西艾利斯－西密尔沃基的乡亲们，这才是你们故事的真正源头）。

这个想法是这样的。让我们把这些边缘的次级抵押贷款收集起来，组成一个庞大的集合资金。但是，当我们把这些集合资金分割成证券时，我们要不均等地分割（这点与吉利美不同）。我们将整个集合基金搅乱，这样每一份的风险和回报率都不同。我们会设计一些非常安全的部分，而其他部分的风险则会非常大。因为安全部分的回报率较低，而非常危险的部分的回报率则要高得多。

这怎么可能呢？首先，要在产品的命名上添加一些欧式魅力和复杂性。衍生产品行业采用了法语"tranche"表示"份"，而不是英语的"slice"。听起来就更安全！接下来上场的是极富想象力的金融工程学。

试想，一个拥有 1000 笔次级抵押贷款的集合基金——许多由家庭支持的贷款，而房主基本上没有获得主要的信用评级。他们可能在买房时都没有交首付款——甚至可能没有工作。其中绝大部分，实际上几乎是全部，每个月仍在偿还抵押贷款。人们不喜欢失去自己的房子，即使他们真的负担不起。每过一段时间，集合基金中就会有人违约，但历史记录表明，85% 以上的购房人会继续还贷。因此，整体来说，这个巨大的集合基金每个月都将通过收到的贷款还款创

---

[1] 理查德·汤姆林森和大卫·埃文斯，"评级的游戏"，《彭博市场》，2007 年 7 月，www.bloomberg.com/news/marketsmag/ratings.html。

造大笔受益流动。

聪明的衍生产品发明家们想通了，可以利用风险有很大不同的集合基金创造出证券。下面列举一个非常简单的例子。[1]

我们把一个集合基金按照风险由低至高分成高、中、低三档证券。我们根据该集合基金的所有利息支出最先向高级类证券（所谓的高级或超高级份额）支付收益。要真正保护购买这类高级证券的投资者，可以规定这一点，如此一来即使违约率高出次贷借款人历史平均水平的数倍，高级证券投资者仍然可以收到利息。因此，通过给予高级证券对整个次级贷款集合基金所有支付利息的优先权，可以消除购买高级证券的投资者的风险。

中级（通常称为夹层级）的保护少于高级证券，如果违约率达到历史平均水平两倍时，就会出现损失。中级证券比高级证券的风险大，但仍比投资于整个集合资金安全。

最后，是低级（称为普通级，因为股权——公司股票——在破产的情况下，是对资产拥有最低和最后权利的证据）。这一级别的证券在违约时最先遭受损失。它背负着整个集合基金的大部分风险。

由于每个级别的风险差异很大，因此其收益率也有所不同。高级证券最安全，因此其回报率也很低。中级证券的回报率较高，而普通级的回报率则非常高——每年 20%、30% 甚至 40%（只要标的抵押贷款违约率保持低水平），这是因为它担负着整个集合资金几乎所有的风险。

下面我们进行可视化类比。[2] 想像有一个酒瓶和一个由三层酒杯组成的倒金字塔图形。最上面一层有七个杯子，中间一层有两个，底层只有一个。酒瓶是次级抵押贷款集合基金。瓶子里的酒是次级抵押贷款所有利息支出的总量。倒金字塔中的每个酒杯代表一

〔1〕登录 http://vimeo.com/1876936，收看由市场资深编辑培迪·赫希主讲的“危机讲解员：开启 CDO”视频介绍。或登录 www.portfolio.com/interactive-features/2007/12/cdo，查看 Portfolio.com 中的动画流程图“债务抵押债券是什么？”

〔2〕节选自上述培迪·赫希的视频。

种卖给投资者的金融证券。每一层是一个级别。你开始从上往下倒酒——向投资者支付利息。高级证券在最上面一层，因此最先得到，接下来中间层，最后才轮到排在最下层的普通级证券。

次级贷款利息（酒）

高级证券

中级证券

普通级证券（“毒垃圾”）

如果部分支持债务抵押债券的次级抵押贷款违约，倒入所有酒杯的酒都会减少，但顶层的杯子有优先权，可以倒得满满当当的。如果酒在到达底层之前就没有了，那就太糟了——这就是你在购买那个酒杯时承担的风险。

到目前为止，一切都还不错，但还不够好。要为顶层的高级酒杯建造一个庞大的全球市场，你需要获得三大评级机构——穆迪、标普或惠誉——中一家的高评级。如果能够让其中一家给予你的高级证券 AAA 评级，你可以把它卖给养老基金、保险公司、银行等诸如此类的。这可是很大、很大一笔钱。

这恰恰是已经发生过的事实。衍生产品机构让评级机构相信，其顶层部分是超级安全的，应该被评为 AAA 级——效果几乎就和得到联邦政府支持一样好。他们是如何实现这一目标的？那是个很长的故事，我们会在后面讲到。但现在我们需要知道的是，衍生工具银行家已经为顶层的高级证券争取到了 AAA 评级。他们的中间层也获得了不错的投资评级。然而，底层的普通级则被归类为垃圾债券。从一开始，衍生产品经销商就称之为“核废料”和“毒垃圾”。

在理论上，这有一定的道理。我们顶层的酒杯受下面两层的保护。这个酒瓶可能会经历多次失败，因为里面没有足量的酒斟满顶层的高级杯子。然而，这些证券的创造者们也希望顶层的酒杯越多越好，他们希望这些酒杯都获得 AAA 评级——这也是真实发生的情况。他们在为整个顶层高级证券获得 AAA 评级方面取得了巨大成功——一种债务抵押债券集合基金中有 80% 的证券为 AAA 评级。干得好！

真正荒谬之处在于：债务抵押债券中的高级证券不仅获得了 AAA 评级，它们的回报率也高于其他类型的 AAA 证券（如通用电气或美国国际集团的 AAA 级债券）。因此顶层酒杯成了投资者竞相追捧的热门产品，其足迹从挪威的最北端一直延伸到威斯康星州东部海岸。一个庞大的全球市场为衍生产品经销商敞开了大门。

让我们先停下来，不再艳羡这种金融工程的炼金术。你从边缘借款人手中接过一大批次级抵押贷款，把它们投入一个巨型集合资金中（酒瓶）。你把这个集合资金分成证券（酒杯），但不是等分。根据所承担风险的多少，每级（酒杯的分层）证券获得不同的回报率。由于顶层部分承担的风险相对较小，因此它的回报较低，但也获得了 AAA 评级，以及高于其他 AAA 证券的回报率。真令人吃惊，因为债务抵押债券集合基金中没有哪种抵押贷款能够单独或一起获得这样一种评级。毕竟，其中的每笔抵押贷款都是有风险的，远远达不到房地美的标准。

然而，利用几个法语词汇和花哨斟酒方式，我们的金融工程师将集合基金中的很大一块（75%或以上）变成AAA级证券。这是一个奇迹。这种通常被称为债务抵押债券（CDO）[1]的新型衍生产品，其中包括高、中、低三个级别，将3/4的猪耳朵做成了丝钱包[2]（译者注："猪耳朵做不成丝钱包"是英国谚语，相当于汉语中的"巧妇难为无米之炊"）。

那么那些最底层的酒杯——高风险的普通级证券呢？会一直无人问津吗？您会认为没有人会愿意喝一杯被贴上了"毒垃圾"的酒。那您就错了。普通级证券潜在的高额回报是如此诱人，始发银行往往自己保留这部分证券，或以高价卖给排队等候的投机者。他们甚至把它推销给了养老基金。几家最大的投资公司和银行（像现在已经倒闭的贝尔斯登、美林、美联银行和其他幸存下来的）参与了一次非常成功、利润丰厚的促销活动，将数十亿美元的次级普通债券卖给了涵盖众多公务人员的各州养老基金。[3]根据2007年7月《彭博市场》杂志发表的题为"退休金中的毒药"的报告，州养老基金购买了18%的最危险的债务抵押债券普通级证券，而AAA级只有

〔1〕也可以用信用卡付款、学生贷款支付、汽车租赁或任何其他现金流——风险越大越好——制作债务抵押债券。

〔2〕关于更复杂的版本，见大卫·哈珀（David Harper）张贴在You Tube上的一组视频，其中包括"次级证券化中失败的合成型债务抵押债券"，www.youtube.com/watch?v=-8vmzvfEuk0。

〔3〕大卫·埃文斯，"银行向退休基金、德州教师基金出售'毒垃圾'"，彭博社，2008年6月1日，www.bloomberg.com/apps/news?pid=newsarchive&sid=aQWoYszGR6w0。许多养老基金规定，可以购买一些评级较低的证券（但不是垃圾债券），所以在大多数情况下，这部分证券只占退休金总额的很小一部分。衍生产品经销商找到了将毒垃圾包装成政府债券的方式，使投资看上去受到保护，并为这部分普通级证券获得了高于垃圾级的评级。最近，这类债券的评级已经被调低至垃圾级，所以现在成为养老基金的禁区。

4%。[1] 现在您可以肯定这些养老基金中已经有些酒杯空了。

不久之后，酒开始自由流动。在房地产市场欣欣向荣之时，抵押贷款的违约率极低，即使是次级抵押贷款的借款人。随着房价不断上涨，次级抵押贷款持有人希望将其大部分资金回笼，即使必须将房子进行抵债和出售。因此，对于激进的投资者而言，至少在短期内，普通级证券似乎值得冒这个险。如果违约率开始攀升，银行认为他们将是第一个发现者，并且能够在毒垃圾毒害其资产负债表前扔掉它。更有甚者，你还可以购买衍生产品保险，以减少这些普通级证券的风险。

如果你被这些酒杯搞得头昏眼花，那么只要记住其中重要的一点：这是衍生产品行业的一个赚钱机器。炼金术士们在组建集合基金、发明证券、宣传、销售并从普通级证券中获取大额回报后，带着数十亿美元脱身了。我们不知道银行从这些衍生产品中获得了多少利润，但我们可以肯定，非常高——高达数百亿美元。交易员们得到了巨额奖金。他们的老板也分了不少。许多黄金降落伞——那些派给高管们的退休大礼包——也塞满了债务抵押债券的利润。

这不只是酒。这是唐培里侬香槟王（译者注：唐培里侬香槟王(Don Perignon) 是法国酩悦香槟(Moet&Chandon) 1921 年推出的其顶级香槟品牌）。

* * * * *

我们现在已经知道了足够多的真相，是应该和那些有关贪婪、鲁莽的次级抵押贷款借款人或可恶的罪魁祸首房地美／房利美等机构将我们逼入绝境的神话说再见的时候了。因为他们并不是这座衍生产品赌场的创造者。

债务抵押债券及其发明过程的利润如此丰厚，以至于在贪图其

---

〔1〕大卫·埃文斯，“退休金中的毒药”，《彭博市场》，2007 年 7 月，www.bloomberg.com/news/marketsmag/pension.html。

利润的制作人中创造出对次级抵押贷款的巨大需求。实际上是他们一手推动了一个全球性的次级抵押贷款输送机。各地的投资者都希望通过购买债务抵押债券获得更高的回报。银行中的衍生产品经销商忙于通过发明新的证券满足需求，吸干所有他们可以到手的次级抵押贷款。而在外围的抵押贷款公司也知道，他们可以迅速卖出手中的贷款，因此他们争先恐后地寻找客户。毕竟，他们贷出去的钱越多，他们赚取的手续费就越多。此外，这还具有很好的经济意义，因为他们提供了多种贷款产品，能够让形形色色的人来买房子。可调利率、诱惑利率、没有收入证明、没有首付款、只有利息、与月供挂钩的利息、掠夺性贷款、向死人贷款，等等，这些都不重要，只要抵押贷款经纪人拿到了手续终结费，并能够立刻将这笔抵押贷款交给债务抵押债券制作人。[1] 借款人的申请是真是假无关紧要，没人会检查，没人知道。

这种对债务抵押债券类次级抵押贷款需求的不断增长自然诱使更多边际买家进入市场，进而增加了对房屋的需求。当然，这其中有许多人渴望充分利用宽松的贷款标准，而这又促使房价上涨，进而鼓励建造更多住宅。如果购房者每月无法按时还款呢？根本不是问题，价格还在迅速上涨。即使抵押贷款违约，还可以以同样金额甚至高于未偿还贷款的金额转售房产。

一切都这么的美国化：赌场为衍生产品团伙赚取了巨额利润。投机者购买和出售房屋，大把敛财，甚至低收入的购房者都跑到这片乐土上掺一脚。

但时间不会太长。

---

〔1〕关于这条输送带的简洁描述，见查尔斯·R. 莫里斯（Charles R. Morris），《万亿美元大窟窿：贷款宽松、消费无度和信用大崩溃》，纽约：公共事务，2008，第 68—72 页。

第七章

大规模杀伤性金融武器

在金融工程师的眼中，债务抵押债券类衍生工具简直棒极了。它们可以被随意捏合成上百万种诱人的形状。“二次合成债务抵押债券（CDO squared，或 CDO 的平方）”就是其中之一。如果您手里有一堆卖不出去的高风险债务抵押债券类普通级证券。您会怎么做？答案是制造更多的酒。您把所有底层的酒统统装进一个新瓶子。然后再用它们创造出另一个倒金字塔，进行出售，斟酒时仍然采用从上至下的方式（这个想法具体的执行过程是，将许多不同的债务抵押债券的底层酒杯全部聚集在一起，这样就为装满一个新瓶子准备了足够的酒。从理论上讲，它们不会同时都耗尽）。借助一点点手段、运气和一些花哨的数学建模把乐于助人的评级机构弄得头昏脑胀，然后您就利用这些垃圾证券中的垃圾创造出了一套评级高、可以大卖的新型高级证券。

太酷了。但如果二次合成债务抵押债券底层的证券都卖不出去怎么办？您肯定猜到了。您再把这些没人要的垃圾集合起来—被称为“CDO 的立方”（CDO cubed）—然后再次分割出售。如果您还清醒的话，我们慢慢梳理一下这家酒厂。一开始，您把许多债务抵押债券的底层酒杯收集到一起，再把酒装进一个新瓶子。然后，用这瓶装满高风险债务抵押债券的酒斟满一个新造的倒金字塔—CDO 的平方中的酒杯。然后，您把 CDO 的平方这个金字塔底部的酒杯取走，并将这些风险非常、非常高的酒装进另一个新瓶子，然后再用这瓶酒去斟满另一个倒金字塔—CDO 的立方中的酒杯。买这些东西的人不是酩酊大醉就是疯子，或者是个喝醉了的疯子（幸运的是，CDO 的立方之类的证券数量极少）。

但真正的魔力来自于一种更令人难以置信的、更诱人的衍生工具：信用违约掉期（CDS）（亲爱的威斯康星州的乡亲们：这就是您的学区购买的垃圾债券的关键部分）。

信用违约掉期，沃伦·巴菲特称之为“大规模杀伤性金融武器”。将它掺在债务抵押债券中向全世界散播：很快便迎来了 2008 年金融危机。

将信用违约掉期添加到债务抵押债券中的目的是为了解决一个特定的金融问题——制造一种债务抵押债券所需的时间和精力，即所谓的“产能提升”。为了创造一种普通的债务抵押债券，您必须获得 1000 个左右的次级抵押贷款（或信用卡债务、汽车租赁、公司贷款或债券等）的法定权利。这个过程需要花费很多时间和大量的费用，而您不想将自己银行的资金因此搁置 3 或 4 个月之久。因为在这段时间里，金融市场的形势可能会在您将手中的证券抛出去之前变得不利于您。因此，必须找到一种更快、更简单的方法。

事实上，这种方式的确存在。我们可以在公司债券中观察这种特殊的掉期，这是掉期市场的核心。

公司债券本质上是一家公司的贷款。您借钱给公司，公司给您债券——一张注明了该公司同意在一段时间内支付您利息的票据。期满之后，您就可以全部拿回原有的数额……倘若这家公司在此期间没有破产。每种公司债券都有一个根据其财务状况及公司实力进行的风险评级（来自于评级公司）。风险越低，评级越高，利息越少，这是因为公司不需要支付高额利息来吸引投资者购买其债券。如果公司破产，公司债券持有人将是第一批从公司剩余资产中获得补偿的群体。因此，即使公司破产，债券通常仍然具有可观的价值。

现在，我们假设您在 2006 年购买了价值 1 亿美元的雷曼兄弟银行债券，当时他们在华尔街可谓是如日中天。尽管这些债券看起来很稳健，但为了保险起见，您可能希望多点保障。所以，您要求您的银行家为您办理一份信用违约掉期。在支付了一笔费用后（比如每年 50 万美元，为期 5 年——利率为 0.5%），您为自己 1 亿美元的债券购买了充分的保险，以防雷曼兄弟在这段时间内出现违约。您愿意支付这笔费用，即使这减少了您从债券中得到的利息，因为这份信用违约掉期保证了您这 1 亿美金的安全。这有助于降低您的资产负债表的风险，并帮助您的公司维持良好的债务信用评级。通过这次交换，您把风险转嫁给卖给您保险的机构。

为什么会有人接手这种风险？因为他们在赌这样一家声名显赫的华尔街大公司不会破产，而他们每年从您这里赚取的 50 万美元的费用足以涵盖那种小小的风险。此外，购买了您风险的银行或其他投资者在没有浪费自己一分钱的情况下就从您这里大赚了一笔。这种回报真是棒极了。皆大欢喜。

事实证明，成千上万的投资者和机构都认为，这类对冲交易是笔好买卖。下一步是要把信用违约掉期与债务抵押债券搭配成对，它们的产物是合成型债务抵押债券——也就是威斯康星州的乡亲们购买的那种。

第一种合成型债务抵押债券出现在 1997 年，其发明人是 JP 摩根的比尔·德姆查克（Bill Demchak）及其小组。当时，他们正在寻找一种方式，让自己的银行免受贷给其传统客户——其他大型企业、银行和外国政府——的数十亿美元的未偿还贷款的影响。他们不想出售这些贷款，因为此举可能引发已经与之合作多年的客户的不安。因此，德姆查克和他的小组发明了一种消除风险而不是贷款的方法。他们把针对 JP 摩根持有的 300 家企业贷款的信用违约掉期组成一个集合。那些掉期，而不是贷款，被银行投入一种特殊目的的工具——一个独立于其账簿之外的银行账户，往往在境外银行。JP 摩根为该工具支付保险费。他们将这一工具分割成证券并出售给投资者。这些投资者，而不是 JP 摩根，将承担 JP 摩根持有的 300 个贷款（价值 97 亿美元）的违约风险。1997 年 12 月推出的第一个合成型债务抵押债券产品名叫“广义指数安保信托发行”（绰号“小酒馆”）。这一产品获得了惊人的成功。所有份额在两周之内被保险公司和银行一抢而空。很快，这种方式便被整个金融业复制。[1]

“小酒馆”和信用违约掉期解决了组装那些费时、繁琐和昂贵的债务抵押债券集合（由真正的抵押贷款组成）问题。为什么这么说？因为由单独的掉期组成的债务抵押债券可以立即组建。在复杂的计算机建模的帮助下，您可以设计掉期的保险费，这样一来，它们基本上就可以反映出一个常规的债务抵押债券集合的情况，这种集合已经存在。您将这种具有交换功能的债务抵押债券（合成型债务抵押债券）分割成不同的块，并支付收益——与一种包含真正次级抵押贷款或其他风险债务形式的常规债务抵押债券相同。这样一来，您就在没有创造任何新的贷款集合基金的情况下，让证券的数量增加了一倍。

这就是虚幻的金融业的核心，也是最难理解的部分。因此，我们放慢脚步，一步一步来分析。

试想一下，您是一位银行家，您的银行目前已经拥有了2亿美元的次级抵押贷款组合。您很担心这些高风险抵押贷款可能会出现问题。您希望有所保障。而且您希望通过一些奇特的金融工程使之赚钱。这里有一个办法可以做到这一点（为了让情况简单一些，我们抛开酒杯，只创建两档）。

> 步骤一：选一块没有讨厌的监管和税收的风水宝地，如开曼群岛，开立一个银行账户（特殊用途工具）。
>
> 步骤二：诱使投资者把资金投入那个账户，金额相当于您希望为您的次级抵押贷款提供的保障数额。在目前的情况下，您希望投资者投入2亿美元。管理这个账户的规则是：如果您银行的任何次级抵押贷款发生违约，您有权取出账户里的钱弥补这些损

---

〔1〕关于德姆查克事迹的精彩说明，见杰西·艾辛格（Jesse Eisinger）“房间里58万亿美元的大象”，Porfolio.com，2008年10月15日，www.portfolio.com/views/columns/wall-street/2008/10/15/Credit-Derivatives-Role-in-Crash#page5。

失。银行账户是您的保险基金。您再也不必担心有任何风险。

步骤三：您唯一的问题是找到一种方法来吸引投资者将您需要的那笔钱投入您的账户。除非您是伯纳德·麦道夫（Bernie Madoff）（译者注：伯纳德·麦道夫是前纳斯达克主席，美国历史上最大的诈骗案制造者，其操作的“庞氏骗局”诈骗金额超过600亿美元。2009年6月29日，麦道夫因诈骗案在纽约被判处150年监禁），否则您必须给予他们实质性的回报：钱。所以，您同意每三个月为账户中的那笔钱支付一定金额的费用，就像在支付保险费。当然您希望尽可能压低这些保费。所以，您需要再给投资者一些其他东西：不同的风险和不同的回报。您付给那些愿意赌博的投资者更多的回报，给不愿意赌博的少一些（您并没有增加整体保费。您只是将总费用以不同的比例支付给了投资者）。

步骤四：通过设立不同的档次，您为投资者们准备了各种回报和风险组合。一旦您必须动用这笔共同资金去弥补您的次级抵押贷款损失时，上层投资者的资金最后损失；而底层投资者则最先遭受损失。为了让这种安排更有吸引力，您将更多的保险费付给了底层的投资者，这样一来他们得到的回报率就非常高（您能够负担这种开支，因为底层证券的数量很少）。

步骤五：您暂时将账户里的2亿美元投资在非常、非常安全的国库券、银行票据和货币市场基金上。这部分利润将被归入支付给投资者的利息。

步骤六：然后举杯祝贺参与其中的所有人，尤其是您自己。您已经在一个无人干涉的地方开设了一个装满了真金白银的账户（流动性非常高、非常安全的投资）。现在，您和您的银行可以高枕无忧，因为您知道这笔钱已经落入了您的囊中，如果您旗下的任何抵押贷款出现违约，您都可以用它来弥补亏损。您的账簿上黑纸白字地记录着这笔投资。作为交换，您必须向投资者们支付保险费，但这部分保费远远低于您从次级抵押贷款中获得的回报。您的资金充裕，而且已经为它投了保。

我们现在来分析一下，为何每个参与者都喜欢这种安排。顶层的投资者很高兴，因为他们把钱存进您的账户，从您这里得到了可观的回报。就算您动用账户的资金去弥补抵押贷款违约损失时，他们也是最后一批损失投资的。他们不担心是因为他们承担的风险很小，但仍然能够获得不错的收益。事实上，评级机构已经表示，这种顶层投资的评级属于 AAA 级。

底层的投资者也很高兴，但方式与顶层投资者的不同：他们的肾上腺素上升——就像赌徒期盼能够在赌桌上大赚一把的那种兴奋。他们知道，一旦住房市场出现了麻烦，他们的投资就会输给您，但他们现在得到的回报率非常高。他们在赌，投资的时间能否支撑得足够长，如此一来，他们就可以在厄运来临，您拿走其部分或全部投资之前，赢回比投资更多的数额。

当然，设计了这一切的您——银行家——得到了一个超级大礼包。您从设立账户、组织投资者向账户投资、出售这些投资及管理这个家当的过程中赚取了大把费用。

所有这一切的发生都无需购买或出售任何标的物抵押贷款，也不需要为组织和分割大量抵押贷款耗费资金和时间。这是金融工程点石成金的本领。

这也正是威斯康星州五个学区购买的那种“特殊和晦涩难懂的”投资品种。在毫不知情的情况下，这几个学区购买了只比赌徒级好一点点的证券。但是，他们甚至没能捞到应该与之挂钩的巨大收益（但他们肯定在投资开始损失时，体验到了肾上腺素上升的刺激）。他们把钱投在（押在）了加拿大皇家银行（RBC）持有的风险极高的债务上。接收这种风险的回报率本来应该非常高——这就是其优势。但事实刚好相反，银行和投资经纪人获得了大笔费用和佣金，而把所有负面影响——高风险——全部留给各学区。由于违约率已经逐渐接近学区购买的证券级别，学校价值 2 亿美元的投资正逐步化为乌有。目前，违约率随时都将触及加拿大皇家银行拿走这 2 亿美元的弥补损失的关键点。此外，由于学区的这 2 亿美元赌资属于贷款，因此他们还需要偿还这笔贷款并支付利息。他们还不如把投资交给伯纳德·麦道夫打理。

现在，我们先不说这个问题，因为我们要继续向太虚幻境迈进。在我们的例子中，我们已经创造了一种新证券，旨在保障您银行所有的实际债务的安全。但不一定非要如此。您完全可以为一批您根本没有的债务创建一种合成型债务抵押债券！您可以通过上述六个步骤设计这样一种产品，仿佛您正在为一些实实在在的债务投保。但是身为衍生产品经销商或制作人的您，事实上并不需要实际拥有标的物垃圾债券。

您说什么？一位银行家或其他什么人怎么能为他们根本没有的抵押贷款订立信用违约掉期？答案忽地一下闪现在我的脑海中。交易的双方可以针对任何东西达成交换协议。是否真正拥有根本无关紧要，就像在玩幻想棒球时您并没有拥有一支真正的棒球队那样。这里的规则不同于常规的保险契约，即必须符合法律及相关法规，您可以使用不受监管的信用违约掉期赌别人的债券、贷款或抵押贷款资产——这些债券或资产既不属于您，也不属于您的赌伴（或对手）。这就好像允许 1000 个人为您的房子买火灾保险，而这个赌注的核心是：这座房子是会被烧毁，还是不会？那种债券会出现违约，或不会？

由于这是虚幻的金融，因此我们假设您是加拿大皇家银行。您可以向威斯康星州的学校系统出售一种合成型债务抵押债券。这种债券无非是对一系列债券或抵押贷款（既不是加拿大皇家银行的，也不是威斯康星州各学区的）的投注。您只是对观察到的（棒球比赛）而不一定是自己所有的（真正的现役大联盟球员）东西进行一次书面的投注。如果您参考的债券或抵押贷款破产，威斯康星州就必须给您钱。如果参考资产不发生违约，您——加拿大皇家银行就需要向威斯康星州各学区支付保险费。

现在让我们回到现实，还是有些地方让人感到奇怪。在写这篇文章时，威斯康星州五个学区聘请的律师仍然不知道这几个学区实际承保的是什么。他们甚至不确定，学区是否真正承保了加拿大皇家银行名下的资产，或者它们只是一个赌注的一部分——所承保的债券和债务既不属于学校，也不属于银行。他们的 2 亿美元可能只是对一堆并不属于双方所有的垃圾债券的一个赌注。您还好奇为何金融系统会崩溃吗？

重复一遍：您可以对能够观察到的任何资产下注。您不需要拥有这些资产。因此，您可以在不拥有标的物资产的情况下，制造出一大套档次不同的证券。您可以把这些证券出售给投资者——并赚取手续费。我们已经触及了虚幻金融非常核心的部分。

幻想棒球比赛的确是一个非常贴切的比喻。合成型债务抵押债券中不同档次的证券价值是建立在别人所有的抵押贷款或信用卡债务的价值的基础上，就像您的幻想棒球队的价值是以签约真实的大联盟队球员为基础一样。幻想棒球是一种合成型衍生工具，其运作“基础”是真实的棒球。同时，它也具有经济价值，因为您愿意对您的幻想棒球队下注，而您联赛中的其他人也愿意用自己的衍生球队与您的球队一较高下。

不可思议的是，合成型债务抵押债券不受在集合内进行组装的抵押贷款或债券供应的限制。一个真实的次级抵押贷款集合可以支撑多套证券。首先，您可以制造出一种债务抵押债券，然后分割并出售给投资者，此时您出售的这些债务抵押债券的基础——抵押贷款——真实存在。然后，您可以根据已经卖掉的证券的信用违约掉期（保险）创建多个合成型债务抵押债券。这样一来就在同一套抵押贷款的基础上增加了可供出售的证券数量，同时也增加了发明人和经纪人的手续费。当然，也使得金融系统承担的风险增高。如果垃圾债券的标的物集合出现问题，多种合成型债务抵押债券的价值将同时化为乌有。

所有这些合成型债务抵押债券的运作“基础”都是那些抵押贷款集合，就像在幻想棒球联赛中的一样。在真正的美国职业棒球大联盟中，共有 30 支球队。但在幻想棒球联赛中，有数以万计的合成型幻想棒球大联盟，其游戏规则采用了真实的联盟统计数据（有人估计，现在约有 1500 万人在玩幻想棒球）。在虚幻的金融中，情况也是如此：理论上而言，可以创造出无限多个合成型债务抵押债券……假设有足够多的机构愿意为信用违约掉期支付保险费，也有足够多的人愿意购买这些能够赚取保险费的分档证券。

事态的发展并没有就此打住。信用违约掉期保险也是一种能够让高风险的普通级证券更抢手的工具。毒垃圾的买家们可能也希望规避自己承担的部分风险。资产负债表上的毒垃圾数量过多可能会引发信贷评级机构的怀疑。信用违约掉期可以让您把所有风险全部转移（这可能就是加拿大皇家银行与威斯康星州各学区进行交易的目的）。在房地产市场蒸蒸日上之时，金融机构（主要是投资银行和保险公司）与普通级证券的所有人签署了掉期交易。在一段时期内，比如说五年，投资银行将为普通级证券所有人提供保险，保证他不会损失自己的份额，而该所有人需要按季度向银行支付费用，就像一般保险契约的那样。普通级证券的所有人将继续收取高风险投资给予的高额利息，但却通过与签署掉期交易的另一方共享部分风险和利息的方式，为手中的证券上了保险。

信用违约掉期以一种非常真实的方式让所有人规避了他们在世界上任何地方、任何时期内的证券赌注风险。任何人都可以将担负的部分或全部风险抛掉，至少看起来如此。这种方式的效果极佳——只要在这些债券或证券陷入财务困境时，每个人都能够付得起赌注。您现在明白格林斯潘为何推崇衍生工具设计师们狡诈的天赋了。

* * * * *

我们现在有了许多方式，能够解释 3000 亿美元的次级和“准优选级”贷款损失何以造成这么大的破坏。在房地产市场繁荣之时，合成型债务抵押债券极力扩大垃圾档证券的数量，并在世界各地兜售。而信用违约掉期则通过为这部分资产毒垃圾保险扩大了这一市场。实际上，次贷资产反复被多个合成型债务抵押债券引用，导致这 3000 亿美元的次级和准优选级贷款在由高风险债务支持的债务抵押债券上的损失增加了两倍，总金额超过 1 万亿美元。如果我们将所有由公司、消费者和房屋债务支持的债务抵押债券损失计算在内，预计总额将增至 1.6 万亿美元。其中，银行所持有的债务抵押债券类资产损失约为 5000 亿美元，再加上公司和消费者的普通贷款损失，截至 2009 年 2 月，预计美国银行系统的损失已经攀升至 1.7—1.8 万亿美元。[1] 而这只是银行的损失。其他诸如保险公司、对冲基金、养老基金和主权财富基金等金融机构的损失大体类似。金融工程就像魔法师的学徒一样，将一桶污水变成了一波有毒的滔天巨浪。

因为这部分内容非常关键，因此我们再回顾一下。合成型债务抵押债券让银行能够使用同一批垃圾标的物债务制作出多种证券，并进行层层兜售。这里还有一个比喻：他们可以将布鲁克林大桥多次贩售（这个比喻对大桥来说有失公平，因为它至少是一座根基牢固的建筑物）。通过将利用同一债务创作出来的多种证券多次贩售，虚幻的金融把价值 3000 亿美元的次级抵押贷款问题变成损失上万亿美元的惨剧。

在次级抵押贷款和垃圾债券市场泡沫中，这些银行和保险公司通过出售和倒卖利用同一风险债务制作出来的证券大发横财。

但如果（表面上）支撑这些赌注的次级抵押贷款或债券中的某个环节出现问题，风险便会被放大。

幻想棒球的球迷们对这种危险有一种直觉性理解。如果现实中的大联盟罢工，数以万计的幻想棒球联赛的命运又会怎样？

* * * * *

如果这种虚幻的金融真的与幻想棒球——一种不能左右真正棒球联赛的赌博——一样，那么它基本上就是无害的。但不幸的是，虚幻的金融实际上已经对基础经济造成了影响——尽管无论是支付

---

〔1〕《纽约时报》，“估算：加总银行的损失”，基于 RGE 监测数据的图表，2009 年 2 月 12 日，www.nytimes.com/imagepages/2009/02/12/business/20090213_INSOLVENT_graphic.html。

保险费的一方，还是投保的一方，都没有真正拥有他们所下注的有形资产。就好像我的幻想棒球队能够左右扬基队的超级明星亚历克斯·罗德里格斯（Alex Rodriquez）（绰号 A-Rod，曾被爆服用违禁药物）的表现好坏一样。

通过比较信用违约掉期和房屋 / 人寿保险的实际结果，我们可以看出两者之间的不同。如果您有房子，您通常会购买火灾保险，以防万一。因为您希望保护家人，因此您通常也会购买人寿保险。现在想象一下，有一个您不认识的人也为您和您的房子购买了人寿和火灾保险。他们这样做的目的是什么？您可能会开始担心，这个神秘的保险购买人只是在等着您房子着火——连您一起。毕竟，他们拿出大笔钱的目的只是在赌从您的不幸中获利的机会。

现在试想一下，有上万人为您和您的房子购买了人寿和火灾保险。如果有人试图放火烧了您的房子——在核实了您正好在家之后，也就不值得大惊小怪了。也许这些投资者只是在观望，基本上是猜测，因为您看起来已经年纪一大把了，或许再过不久就一命呜呼了。因此，他们现在购买了保险，因为现在比较便宜，并希望能在以后卖个好价钱——如果您那个时候还活着。他们只是赌您活着的几率。稍稍安慰一下。

受监管的保险行业当然知道这种做法对他们不利。他们明白，如果上万人为您的房子购买了火灾保险，那么很快，这上万人就会在一场可疑的大火之后来要求他们赔偿。因此，受监管的保险公司规定，如果要购买火灾或人寿保险，您必须对所投保的资产具有利害关系。

但信用违约掉期的情况并非如此。我和您为价值 10,000 美元的 × 公司债券订立了一份保险掉期合约，这些债券不属于我们双方中的任何一方。如果我给您一笔 1000 美元的手续费及未来五年每季度 500 美元的保费，您或许就愿意承保这些债券。如果 × 公司破产或被买断或重组（我们必须就列表中的触发事件达成一致），您必须确保我能够得到 10 000 美元与违约后债券实际售得金额之间的差额。我们可以针对这次赌注制定详细的计划——这只是一次纯粹的赌博，因为我们双方都没有任何 × 公司的债券。

在撰写本书时，市面上已经形成了一个巨大的掉期交易市场，专门从事这类公司债券保险业务。以发展中国家和大型企业发行的债券为基础的掉期合约价值高达上万亿美元。就以通用汽车为例：有人估计，目前市场中的通用汽车掉期合约高达 1 万亿美元。[1]（有些估算要低得多，但没人知道具体数额，因为掉期交易不受管制）。这些赌注基本上是在猜测通用汽车的债券将出现违约或溢价。绝大部分掉期合约的所有人都没有购买通用汽车的债券。他们只是在赌通用汽车公司的运数。截至 2008 年 12 月，通用汽车的经营境况奇差，如果您希望赌 1000 万美元的通用汽车债券在未来五年内化为乌有，您需要先向交易对手支付 800 万美元的手续费，外加每年 50 万美元的利息。[2] 如果您在 2005 年订立这样一份保险掉期合约，那么您只需支付 304 000 美元的手续费（没有年费）。这意味着，您 2005 年的掉期已经大幅升值。如果您现在将其转售出去，肯定能获得一大笔利润——假设您能够找到买主。（实际上，这些掉期的"利差"是投资者用来衡量一家公司风险的标准。）

一旦切断信用违约掉期与标的物资产实际所有权之间的联系，那么您可以承保的标的物的范围就无限大。例如，如果您购买了通用汽车的股票，您可能希望为其投保，确保在每个月的整体汽车销量低于一定数量时股票不会发生损失。实际上，安然公司曾经制定了一条利润非常可观的衍生产品线，其客户是希望免受灾害性天气影响的农业公司和航空公司。一些野心勃勃的衍生产品经销商肯定会很高兴地帮助您找到一套完美的掉期交易，以满足您希望规避风险……和直接赌博的意图。而您所进行的每笔交易都是衍生产品经销商获得的一个赚钱机会。

---

〔1〕托马斯·坦（Thomas Tan），"华尔街为何需要信用违约掉期"，http://news.goldseek.com/GoldSeek/1208412360.php。

〔2〕"预先包装的破产可能引发通用汽车信用违约掉期"，路透社，2008 年 12 月 5 日，www.reuters.com/article/asiaDealsNews/idUSTRE4B44NR20081205。

目前，全球现有的所有掉期交易的票面价值预计在70万亿美元以上——相当于整个美国经济总量的4倍。有报道称，这一数值严重低估，据说实际数额约为600万亿美元。而也有人说“只有”50万亿美元。事实上，没人知道具体数字，因为掉期交易不受监管。无论如何，这肯定是人类历史上最大的一场赌博游戏。

直到最近，格林斯潘还认为，这个掉期市场是最有益于经济健康发展的一种现象，因为它分散了风险。他相信所有老练的参与者都能够对冲其赌注风险。他坚信，这类掉期交易实际上有助于抑制诸如安然和世通等公司倒闭时对经济造成的破坏，因为有这么多的债券持有人采用了信用违约掉期保险的保护措施。格林斯潘认为，这些掉期交易限制了这类企业风暴可能导致的多米诺骨牌效应。

但对于一些重大的体制性问题，这位美联储前主席却选择略而不谈。如果最大的赌徒之一无法偿还债务，情况会怎样？贝尔斯登和美林银行便曾跻身最大的投注者之林。2008年9月，美联储意识到，如果这两家公司中的任何一家倒闭，将立即引发一连串的信用违约掉期交易，届时，这两家公司将无力兑现他们签订的掉期交易。如果他们违约，可能会破坏诸多关联机构的正常运行，进而导致这些机构破产，触发一波又一波的信用违约掉期付款及破产。因此，联邦政府没有让贝尔斯登破产，而是力促其并入JP摩根。而遇到同样问题的美林银行已经先行出售给了美国银行。信用违约掉期将这些破产公司与全球金融系统的数千个关键节点环环相扣（由于这些公司的债券并没有出现违约，因此许多保险掉期投注并没有被迫平仓出局）。

我们应该能够理解格林斯潘对不受监管的市场的盲目相信——以及国会对格林斯潘“金融教父”能力的迷信的错误之处。当金融体系运行良好时，通过不受管制的违约掉期交易分散风险似乎是一个很不错的想法。当少数企业破产时，掉期似乎能够维持大局稳定。但是，当金融市场出现了体制性问题时——就像住房市场的崩溃被放大了——信用违约掉期交易开始发挥其负面影响。掉期交易不是分散风险，而是将风险串在一起，形成一个复杂的、席卷全球的网络，然后一起毁灭。因此，就算只是一个重量级对手的破产，都可能招致许多公司破产、世界经济瘫痪。

但国际掉期及衍生工具协会（代表主要掉期参与者的贸易团体）首席执行官罗伯特·皮克尔（Robert Pickel）则否认这种说法。他在 2008 年 10 月 14 日参议院的一次委员会会议上表示："认为信用违约掉期是导致这场金融风暴的原因，或重要因素的观点是不准确的……毫无疑问，不明智的抵押贷款及对由这些贷款支持证券的理解不当，才是造成目前金融问题的根源。"〔1〕

皮克尔现在的处境十分尴尬。在所有人中，他最清楚由信用违约掉期驱动的合成型债务抵押债券催生了次级住房市场，并促使金融机构向世界各地兜售资产毒垃圾。他肯定知道信用违约掉期利用高风险抵押贷款和其他债务创造了一层又一层的杠杆式证券。信用违约掉期是金融赌场的心脏，而皮克尔就是赌场的代表，我们不应该指望他警告我们赌博的危害。

* * * * *

如果您觉得所讲的内容过于技术化，难以理解，不用担心。我们回到基本面：要了解衍生工具，我们需要研究一下钱是怎么赚的。由于全部是关于钱生钱的问题，因此我们先来看信用违约掉期的卖家是如何致富的。〔2〕

比方说，您是一位效力于一家大型保险公司或投资银行的极具进取精神的衍生工具交易员。您了解到有一位客户购买了 × 公司

〔1〕国际掉期及衍生工具协会首席执行官罗伯特·皮克尔在参议院农业委员会会议上的证词，2008 年 10 月 15 日，第 4 页，http://agriculture.house.gov/testimony/110/h81015/Pickel.pdf。

〔2〕下面的例子改编自一篇信贷违约掉期入门文章，这篇文章于 2008 年 5 月 2 日首次出现网络上。我选用的版本源自于丹尼尔·阿默曼（Daniel Amerman）"美国国际集团的破产与信贷衍生工具风险入门"，2008 年 9 月 17 日，www.financialsense.com/fsu/editorials/amerman/2008/0917.html。

5 亿美元的债券。您知道他们希望获得一定程度的保护，以防 × 公司将来出现问题。而身为勇于进取的交易员的您，向客户推荐了通过信用违约掉期保证这一大笔投资安全的方式。作为为期 10 年的保证回报，您的公司将收取高达 1200 万美元的手续费。[1] 您做得漂亮！

如果将这笔钱都记入利润岂不是很好？想像一下您可以拿很大一笔的奖金。但不幸的是，即使是最宽松的会计规则也不允许让您这么做。您公司的确可以留下这笔钱，但它必须预留一部分以冲销风险。不用说，您，我们积极进取的衍生工具交易员希望预留的部分越少越好。但您必须遵守一些风险管理规则。

下面是一个简化模型，您和您的公司可能会借此评估需要预留多少利润冲销风险。首先，必须估算如果 × 公司破产，那么原来价值 5 亿美元的债券还能够剩下多少。公司的财务统计人员需要查看一些与 × 公司评级类似的公司的历史资料，以确定这一数额。他们发现了一家与 × 公司类似的公司，计算结果显示您有可能收回 50 美分／美元。这意味着您的公司实际承担的风险只有 2.5 亿美元（每 1 美元可收回 50 美分，5 亿美元可收回 2.5 亿美元）。从损益角度来看，这应该是您公司承保 × 公司债券可能遭受的最大损失。

接下来，我们将计算第二种可能会减少您收益的风险：× 公司将在未来 10 年真正发生债务违约的可能性有多大？您公司敬业的统计人员给出的结论是，在 100 家类似 × 公司的企业中，只有 4 家公司在过去的 10 年内出现违约，即可能性只有 4%。然后将这种可能性转换为美元数值。具体计算方法是用这一风险比率乘以具有风险的投资金额：

250000000 美元 × 4% = 10000000 美元

〔1〕费率将是 2.4% 或他们所说的 240 个基点交易（1 个基点为 1/10000）。

现在，我们的统计人员和会计师给出的谨慎答案是，为5亿美元债券提供为期10年的担保，您需要承担的风险支出为1000万美元。因此，从会计的角度看，您必须从1200万美元的手续费中扣除1000万美元作为储备。而剩余的200万美元才是您的利润。只剩这么点！

但是，当您和老板共享这200万美元时，您能分多少？我们能不能多留点？当然，我们可以，而且并不困难。为了让我们的利润增加一倍，我们需要做的就是调整我们的风险假设，只要一点点就够。我们当中有谁会对这种诱惑不动心？毕竟，其中大部分都只是猜测。我们所有的就是投注赔率。

下面我们就来对风险假设进行微调。我们有两个与风险有关的数字：在破产时我们能够收回多少债券价值以及破产的机会。我们再找到统计人员，要求他们重新进行数据核实。瞧，您只要轻轻点拨一下（因为他们也要拿奖金），他们就会意识到您期望得到的数据是每1美元55美分，而不是50美分。利用这个数值重新计算，我们发现我们的风险资本是2.25亿美元，而不是2.50亿美元。我们已经从潜在负债中剥掉了2500万美元。

接下来，您非常仔细地查看违约率。之后，您认为4%有点高，因此您决定3.55%比较合适——这样看起来不是更准确吗？负责统计的家伙也说："没问题，违约率可能是在4%上下，所以我们认为3.55%也说得过去。"

您只对两个地方进行了细微的调整，现在来看看结果会怎样：

225000000美元 × 3.55% ≈ 800万美元

您收取了1200万美元的手续费。您的风险预计为800万美元。现在您可以将400万美元而不是200万美元记入利润。您轻轻变动了两个小数目，然后您的利润翻了一番。

想像一下，促使您这样做的动机。如果您可以变动这些数据，那么您也能提高您的竞争力。事实上，如果您不明白这些，也许您根本就得不到那笔业务。您的整个工作就是在赌博。正如一篇债务抵押债券网络入门文章所写：

> 啊，竞争！竞争是随着时间的推移兴趣逐步高涨的过程的开始。争夺信贷衍生工具业务，争夺丰厚的利润，这意味着您和公司里其他人都拥有强大的个人动机，能够很有魄力地假设信贷损失将低到何种程度，并验证周围同事的假设。如果您的假设不够激进，您就得不到业务、赚不到奖金，您的老板也无利可图，而您很快就会被淘汰出局。
>
> 如果您不想丢掉工作，您和小组中的其他成员很快就会接受这种制度文化，然后作出“积极的”假设。如果您希望拿到大奖，那么您必须非常有魄力地假设信用衍生产品的损失将多么低，而这带给您的回报是不断增加的业务量。的确，您小组的假设需要其他人的背书，但不要忘了，他们和您一样，也置身于相同的制度文化中，他们的个人奖励机制建立在公司利润的基础之上。还有由公司高级管理层指派的内部（理论上）监督委员会，不过不用担心，他们也有自己的一套激励机制，而这套机制的基础是公司今年的利润滚滚而来。
>
> 在自由市场中，金融公司的全体员工和所有高级管理人员都希望能够从利润这块大蛋糕中分一块，因此自由市场中发生的第一件事就是：作出激进假设的公司夺取作出保守假设的公司的业务，最终迫使后者出局。然后，因为我们的竞争仍在继续，因此在这个循环的下一阶段，进行非常激进的假设公司挤掉假设一般激进的公司。然后，在下一个循环中，那些作出超乎常规的假设的人们抢走了业务，还有奖金，以此类推。[1]

---

〔1〕下面的例子改编自一篇信贷违约掉期入门文章，这篇文章于 2008 年 5 月 2 日首次出现网络上。我选用的版本源自于丹尼尔·阿默曼（Daniel Amerman）“美国国际集团的破产与信贷衍生工具风险入门”，2008 年 9 月 17 日，www.financialsense.com/fsu/editorials/amerman/2008/0917.html。

* * * * *

好了，我们到此为止。总之，为了赚取更多的利润和奖金，这些家伙必须承担更多的风险。但这与我们有何干系？

我们关注这些是因为，他们在储备金上做的手脚越大，他们赌注违约的可能性就越大，而这将导致他人违约等等一系列负面影响，直到引发全面灾难。

我们换种方式想一想。由于根本没有监管，因此在前面的例子，“赚到”1200 万美元手续费的金融公司决定根本不预留 800 万美元的储备金。这种情况是可能的，而且很有可能。他们为什么这样做？因为他们可以把这笔资金投资到其他地方或放贷。因此，这家金融机构可能根本没有为他们签订和记账的保险业务预留储备金。这使得那张资产保险契约变成了一张没有背书的白条，一文不值。如果经济一直保持增长势头，没人会担心这种问题。但如果欠条到期呢？

下面我们来看近期出现的一个真实案例：冰岛银行系统因在全球各地过度扩张，而最终崩溃。对冰岛人而言，这场灾难非常可怕，而对整个世界金融体系来说，这是一个巨大的包袱。原因何在？因为事实证明，冰岛债券是一个众多合成型债务抵押债券的一部分（这是因为世界上只有大约 800 个公司和国家的债券可供人们投注。因此，同一种债券便被反复使用）。据路透社报道：“在全球接受标准普尔公司评级的 3771 种合成债务抵押债券中，9% 的包含一家冰岛银行，另有 9% 包含两家，而包含该国三大主要商业银行的多达 14%。”[1] 换言之，在世界各地流通的合成型债务抵押债券已经多次投保了相同的冰岛债券。随着这些债券发生违约，利用这些债券制作的合成型债务抵押债券类证券也将不具价值，因为它们将不

〔1〕简·贝尔德（Jane Baird），“更新 2：三大冰岛银行的信用违约掉期赔付高达 73 亿美元”，路透社，2008 年 11 月 6 日，www.reuters.com/article/rbssBanks/idUSL628743320081106。

得不支付保险赔偿（赔付金额取决于破产后的冰岛债券的价值）。[1]我们可以肯定这些合成型债务抵押债券的交易员也篡改了他们计算机模型中的风险赔率，致使所有证券的价值加速崩溃。这些证券持有人会发现手中证券的价值一落千丈，进而引发自己公司的财务危机，触发又一轮即将到期的信用违约掉期支付……周而复始。

为何会出现多米诺骨牌效应？问题就出在那些风险模型上。这些模型的基础是乐观的假设——参考失败的历史记录。但这种记录并没有追溯到大萧条时期。有时也就到 20 世纪 90 年代为止。这些模型并没有考虑重大的经济衰退、住房市场崩溃或任何其他灾难性事件等因素，但却对其他方面的数据擅加改动。

让我们再回到调低风险几率的银行家那里。他的银行得到了为 5 亿美元 × 公司债券承保的业务，他选择破产时这部分债券的剩余价值为每 1 美元 55 美分，违约几率假设为 3.55%。现在 × 公司破产了。如果当初分析师们能够多查阅一些之前的历史记录，他们可能会得出更高的几率，从而预留更多的储备。但现在一切都太迟了。该债券出现违约。如果这是雷曼兄弟银行的债券，那么违约后的价值只有 8 美分。这意味着每 1 美元银行欠债 92 美分，对于 5 亿美元的总承保额，银行需要支付 4.60 亿美元。但我们的银行家只准备了 1200 万美元为这些债券承保（其中 400 万美元记入利润，而且早已经消耗了）。现在他的公司在这笔交易上损失 4.52 亿美元（4.60 亿美元扣除 800 万美元的预留储备）。好家伙！

各地的公司都在相互签订违约掉期，他们自认为已经巧妙地将风险抛给了别人。他们认为自己已经对冲了赌注的风险（即将风险出售给他人）并记入了利润。但到了 2007 年，经济开始滑坡。事实证明，几乎所有的风险模型都是错误的。所以，他们并非像模型预测的那样，赚到了区区几百万美元，而是需要向像已经破产的雷曼兄弟、冰岛或普通级证券持有人支付高额赔偿。突然之间，他们

〔1〕该值也可以达到 99 美分，如房利美和房地美债券的情况。或者，可能更像雷曼兄弟的债券，破产后出售只值 8 美分。

输掉了数十亿美元的真金白银。信用违约掉期市场中的所有大型参与者——银行、保险公司、对冲基金和大型企业——现在都开始正视巨额亏损的可能性，被迫调整其风险模型，以符合残酷的现实。

下面的观察结果令人不寒而栗：他们记账并带回家的利润全部是假的。这些假想的利润已经随着数十亿美元的损失化为乌有。美国最大的九家商业银行在过去三年半创造的利润已经损失殆尽。《纽约时报》2008 年 10 月 17 日报道称，这几大银行在“2004 年初至 2007 年中的总利润为 3050 亿美元。但自 2007 年 7 月开始，这些银行对其贷款和其他资产的估值减记略高于这一金额。”[1] 几个星期后，房利美报告，目前的损失已经超过自 2002 年以来的利润总和。而美国国际集团随后也发表了类似的报道。

让我们停下来思考一下这些数字的含义。最大的九家银行在三年半中赚取了 3050 亿美元的利润。房利美和美国国际集团获得了 500 亿美元左右。这部分利润被用来支付股东红利、优秀交易员的大笔年终奖金、高级管理人员的大红包和即将离任的高管们的黄金降落伞。毫无疑问，这些钱中的大部分被隐藏在无数的资产、投资账户、境外避税天堂等诸如此类的地方。然而，慷慨资助这些补偿方案的所有利润都不复存在了。您可以为银行赚取利润，但没有人会自愿将到嘴的肥肉吐出来。因此，身为纳税人的您现在开始填补银行的这些窟窿。

不过还有更不可思议的情况。假设有一笔 70 万亿美元的掉期交易，签订交易时的手续费为 1%（适度）。这意味着金融交易员可能已经拿到了 700 亿美元的费用。那笔钱消失了，但却留下了 70 万亿美元的债务。如果有更多的大型公司违约或重组，触及掉期的违约规定，势必将加剧信用违约掉期的崩溃。而如果交易对手无法偿付，那么政府再次介入的压力将是巨大的。如果通用汽车公司破

[1] 路易丝·斯特瑞（Louise Story）和埃里克·戴什（Eric Dash），“银行将紧盯救助金”，《纽约时报》，2008 年 10 月 16 日，www.nytimes.com/2008/10/17/business/17bank.html。

产并启动1万亿美元的信用违约掉期，那将是上天给我们的惩罚。

正如所有没被自由市场蒙蔽的人所看到的，我们不能把衍生工具问题归罪于房利美、房地美或低收入的边际买家。债务抵押债券和信用违约掉期产生并根植于我们不受监管的自由市场的心脏——场外衍生工具市场。这些衍生工具通过将垃圾抵押贷款包装成AAA级债券促成了次贷市场，它们编织了一张充满风险的大网，成功诱捕了整个金融业和其余经济部门。这些工具如此复杂、不透明，以至于除了它们的创造者外，没有人可以理解它们究竟是什么（或许他们自己也不能完全理解）。为了愚弄评级机构和投资者，金融机构可以任意篡改复杂的建模和假设。被误认为安全和无害的资产毒垃圾很快遍布世界每个角落……

* * * * *

现在，我们已经找到了当前危机的首恶。

债务抵押债券及其数量众多的分级，它们根植于有毒的抵押贷款。它们奇迹般地将次级抵押贷款变成AAA级证券。

信用违约掉期帮助创造了庞大的合成型债务抵押债券，这些债券源于相同的次级抵押贷款（以及其他危险品种，如信用卡债务等）标的物集合，使得基于风险标的物债务的证券数量成倍增加。

信用违约掉期还承保了最危险的资产毒垃圾，使之更能诱惑投资者。

最后，掉期将数以千计的企业串在一起，导致几家主要企业破产，整个系统瘫痪的局面。

这些内容有助于我们理解政府试图在2008年秋季进行干预的举动。银行的账簿上罗列了大量资产毒垃圾（还有很多藏身于境外特殊用途工具的账簿上）。起初，政府表示将代为处置这些垃圾，以保留银行的偿付能力——也就是说，政府将斥资数十亿美元收购银行的毒垃圾。但随后，政府认为这种方式行不通，因此他们决定放弃，转而采取另一种方式，向濒临破产的银行注入大量资金。联邦政府还被迫接管了诸如美国国际集团、房利美和房地美等大公司，并下令类似贝尔斯登和美林银行等并入其他集团，以避免多米诺骨牌倒塌。如果政府不介入，那么数百家银行和金融公司很可能将迅速倒闭。然后，我们就只能坐视另一场大萧条在眼前展开。

第八章

虚幻金融与现实大碰撞
——2008 年经济危机

若想成为“大规模杀伤性金融武器”，衍生工具需要一个威力巨大的起爆器，它们手里的起爆器就是房地产泡沫的破灭。

人们对于房地产泡沫真正开始的时间、不断膨胀的原因及其破裂的准确诱因一直争论不休。有人认为，时间可以追溯至第二次世界大战后自置居所迅速扩大时期。而另一些人则认为它形成的时间要晚得多，主要是由美联储的宽松货币政策和布什政府大规模减税政策造成的。还有一些人声称，这纯粹是一种心理现象——泡沫思维——媒体在 21 世纪初开始不断宣扬、放大这种思维。

但已有确凿的证据表明，由抵押贷款支持的债务抵押债券在增加人们获得抵押贷款机会方面贡献良多，尤其是对最危险的那部分购房者。我们也已经从之前的金融泡沫中了解到，金融赌场通常是泡沫的推动者。即使您不认同这种想法，也无法否认房价在过去的十年中一飞冲天的事实。在下面这张由卡尔·凯斯（Karl Case）和罗伯特·J·席勒(Robert J. Shiller)制作的住房价格指数图中(图

表 6），您可以看到住房价格的涨势“就像火箭升空一样”快。[1]

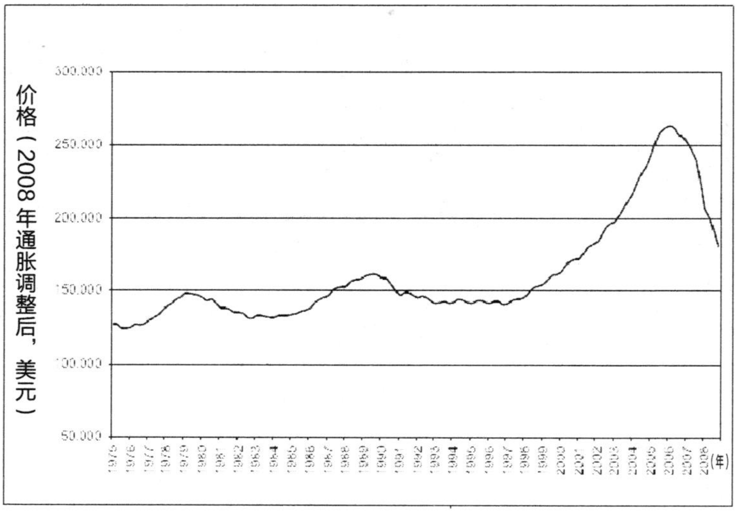

图表 6　**美国实际房屋价格中间值**

来源：凯斯－席勒住房价格指数，见 http://mysite.verizon.net/vzeqrguz/housingbubble/。

在此期间，房价上涨速度远远高于国内生产总值的增速，这是不正常的。从第二次世界大战后至 2000 年，住房价格指数和国内生产总值的发展趋势几乎完全一致。但 2000 年后，情况突变。

同时，与抵押贷款相关的资金数额也直线上升，这一点可以在图表 7 中看出来（美联储提供）。

〔1〕罗伯特·J. 席勒，《终结次贷危机》，新泽西州普林斯顿：普林斯顿大学出版社，2008 年，第 32—33 页。

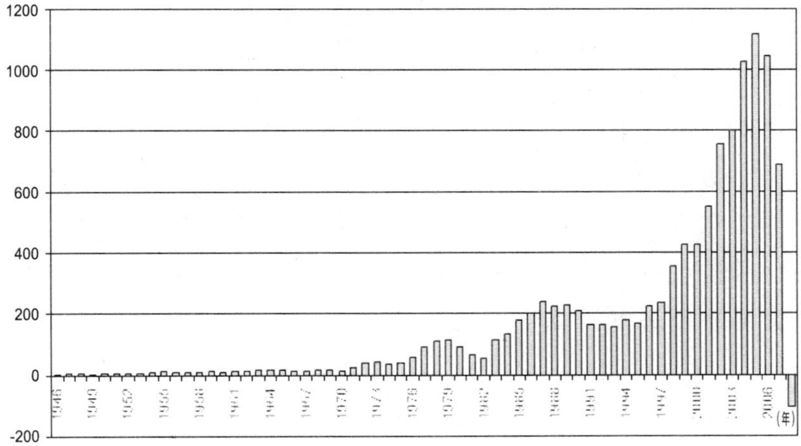

图表 7 **美国每年新增抵押贷款总额（10亿美元）**

来源：美联储，“美国资金账户的流量”，美联储统计发布Z.1，历史数据文件，表F.218，见www.federalreserve.gov/releases/z1/Current/data.htm。

随着住房市场的逐步繁荣，越来越多的次级抵押贷款借款人被诱入市场。抵押贷款经纪人四处搜寻业务机会，以获得高额佣金。2007年11月，达拉斯联邦储备银行曾在时事通讯中这样描述边际抵押贷款的兴起：

> 约有80%的美国未偿还抵押贷款属于优质贷款，14%为次级贷款，其余6%则为准优质级贷款。然而，这些数字掩盖了非优质级抵押贷款的爆炸式增长。次级和准优质级贷款从占2001年新增抵押贷款证券的9%骤增至2006年的40%。[1]

由债务抵押债券支持的虚幻的金融业通过神奇的点石成金

〔1〕丹尼尔·迪马蒂诺（Danielle DiMartino）与约翰·V. 杜卡（John V. Duca），《次贷的兴衰》，经济类信件——达拉斯联邦储备银行见解，第2卷第11号，2007年11月，达拉斯联邦储备银行网站，http://dallasfed.org/research/eclett/2007/el0711.html。

术——将垃圾抵押贷款变成AAA级债券——为“爆炸性增长”推波助澜。从投资者的角度来看，次级抵押贷款的风险几乎完全消失了。

在几年之中，这些证券的持有者仿佛获得了巨额回报，因为随着市场的持续升温，次贷违约的发生率一直在下降。从2002年到2005年，次级抵押贷款逾期的比率从15%降至10%。因此，普通级证券持有人可能获得了20%、30%甚至40%的回报率。您可以肯定，这种情况促使机构对次级抵押贷款的需求越来越大，其目的是制作更多的债务抵押债券（见图表8）。

图表8　**次级抵押贷款违约率**

来源：抵押贷款银行家协会。逾期30天、60天及90天的抵押贷款违约率。

随着房地产泡沫的膨胀，投机者纷纷入市，大量购买房屋，急剧拉升房价——在泡沫达到高峰时，约有20%的房屋被投机者买走[1]——并从中谋取暴利。经纪人向不知情的买家们兜售着骗人

〔1〕“标准普尔/凯斯-席勒房屋价格资料简报”，第1页，2009年3月22日下载，www2.standardandpoors.com/portal/site/sp/en/us/page.article/0,0,0,0,1145771405992.html。

的抵押贷款产品。债务抵押债券销售人员甚至将由抵押贷款支持的、最危险的证券推销给对此一无所知的养老基金和地方政府（可以肯定的是，有些人很清楚自己在做什么，但却难以拒绝高额预期回报的诱惑）。随着房价越长越高，风险似乎也已经消失了。

金融赌场门前闪烁的霓虹灯在召唤着人们："赶紧进来吧，不然您将错过轻松赚大钱的机会。这里的所有人都是赢家，没有输家。"

当然，我们的金融监护人目睹了这一切的发生。然后，他们敲响了警钟。不过，本·伯南克不在其中。但他在 2005 年担任布什政府经济顾问委员会主席时的确提到了这个问题，当时房价已经开始虚高。伯南克告知国会议员们，自 2003 年以来，房价已经上涨了近 25%。但他表示，这一增加"在很大程度上反映了强大的经济基本面"，包括就业、收入和新家庭数量上的强劲增长。[1] 我敢打赌，他肯定想把这些话收回来。

当时的美联储主席格林斯潘也拒绝承认市场中有泡沫。他可以允许少数市场出现"泡沫"迹象。但没有人希望阻挡华尔街衍生工具这台巨大的赚钱机器，因为正是它们在推动着经济繁荣。

其实，美联储可以采取很多方式减少房地产市场的泡沫，比如立刻收紧房利美和房地美的抵押贷款要求、提高利率或规管衍生工具市场。但他们没有这样做，因为我们金融界的领袖从心底里相信，金融市场能够进行自我调节。由于市场价值迅速上升，市场不得不正确地评估基本价值。此外，他们坚信我们的金融体制能够应付泡沫破裂。在互联网泡沫破灭后，经济的确受到了冲击，但最终有惊无险。虽然安然和世通公司破产，但银行体系依旧屹立不倒。事实上，金融界的领袖们认为，信用违约掉期及其他衍生工具分散了这种破产的风险，因此对经济起到了保护作用。

[1] 内尔·亨德森（Nell Henderson），"伯南克：住房市场泡沫不会破灭"，《华盛顿邮报》，2005 年 10 月 27 日，www.washingtonpost.com/wp-dyn/content/article/2005/10/26/AR2005102602255.html。人们肯定想知道伯南克是戴着哪种玫瑰色的眼镜在审视经济基本面。例如，当我们在看 ×× 页中的"实际工资与生产力增强工资"图表时，我们发现大多数美国人 2005 年的实际工资与他们在过去 30 多年的一样。

但是这一次奇迹并没有出现。在所有泡沫中，总会有一个时间节点，这时泡沫价值与实际价值之间的差距变得过大，然后泡沫被现实戳破。这一次必然的破灭发生在房地产商为了追随不断抬高的房价而建造了过多的房屋之后。房屋供应远远超过需求。市场中的买家所剩无几——无论是次级贷、投机者或是其他人。大批购房人破产。他们背负的债务太多，而工资却几乎没有增长（正如我们在第二章中所看到的）。受此影响，住房价格大跌。与此同时，残酷的现实又狠狠地给了次级贷借款人一个耳光——次级抵押贷款的可调利率（也被称为引诱利率）暴涨。越来越多的借款人无力偿还自己的抵押贷款。如果房价继续飙升，他们可以以较低的利率进行再融资或出售名下财产来支付抵押贷款，甚至还可以有富余。但在价格暴跌时，他们房子的价值一下子缩水了，根本不够偿付抵押贷款，这就意味着他们“破产了”。因此，许多借款人留下了空房子和未偿还的贷款，悄悄地走了。

您从这里了解了住房市场的故事。随着市场中违约的房子越来越多，房价开始暴跌。整个街区无一幸免。优质贷款借款人眼见着自己的房子价值缩水，以及周围不断出现的被没收的抵押房屋。即使是没有出现房地产泡沫的中西部和东北部工业衰退地区城市也经历了房产价值缩水（幅度不大）。拥有多套房产的投机者被套住了。新项目开发找不到买家。住房赌场关门大吉。

* * * * *

随着人们开始大批拖欠次级抵押贷款，风险奇迹般地转移到了债务抵押债券类证券上。通常由银行、大型金融机构和养老基金持有的普通级证券首先开始遭殃。然后，随着违约率上升并超出历史最高水平，中间级证券也损失殆尽。很快，所谓非常安全的AAA级证券也开始亏损。即使违约率没有升至高级证券出现亏损的水平，它们下面的保护层也已经不存在了——这意味着它们没有资格获得AAA级信用评级。因此它们的价格一落千丈。一转眼，最高级的证券也不值一钱了。

随着每一个“真实的”次级证券一起垮掉的还有众多建立在抵押贷款集合掉期基础上的合成型证券。这就像是因为大联盟举行罢工而致使成千上万个幻想棒球联赛停赛一样。

很快，信用评级机构便如坐针毡。此前，他们从金融机构那里收取了大笔债务抵押债券评级费用，并顺理成章地为那些高级证券贴上了 AAA 级的标签，世界各地的投资界对这些评级深信不疑。AAA 级债务抵押债券的足迹遍布全球每个角落。在给出这些评级时，穆迪、标准普尔和惠誉这三大机构所使用的模型正是由那些希望获得高评级的金融机构开发的。

从理论上来讲，债务抵押债券及掉期的定价和评级模型主要用于根据未来的可能性说明风险的存在几率。在计算机出现以前，这几乎是不可能做到的。您如何才能计算出一个拥有 1000 种源于不同住房市场的次级抵押贷款集合的风险？您如何给出没收贷款人抵押品时的违约率及回收率假设？根本是不可能完成的任务。

情况在 1972 年变得简单一些，当时计算机首次进入公众视野（尽管在打卡和排队等候大学中的一台大型机时才算有使用计算机的机会）。费舍尔 · 布莱克（Fisher Black）、迈伦 · 斯科尔斯（Myron Scholes）和罗伯特 · 默顿（Robert Merton）开发出了一个期权定价模型（斯科尔斯和默顿于 1997 年获得诺贝尔经济学奖）。他们的模型让买卖期货和期权的交易者们很好地了解了如何定价。在随后的 20 年中，数学家也想出了如何设计债务抵押债券模型。许多模型恰恰是那些寻求高评级的金融机构专有的。评级机构很难看透这些高级的数学结构（另外一个原因是，不用看懂这些模型也一样能赚钱。更多这方面的内容见第九章）。

我们再次在幻想棒球比赛中找到相似之处。当第一个以美国职业棒球大联盟为基础的幻想棒球联盟（美国梦联盟）[1] 在 1981 年问世时，我们根本不知道自己究竟在做什么。我们会拍卖球员、组装自己的球队、进行交易并用手做统计。在随后的几年中，我们幻想球队的老板之一亚历克斯·巴顿（Alex Patton）注意到，在我们的统计中，巴尔的摩金鹰队的强击手埃迪·穆雷（Eddie Murray）每年的作价都是 38 美元（在我们的联赛中，每支球队需要准备 260 美元，以购买 14 个打击手和 9 个投手）。每年，我们的拍卖"市场"就像是在依靠埃迪的稳定发挥创造出 +0.300 的安打率、命中 35 次或更多本垒打以及 100 多次跑垒得分。

巴顿敏锐地观察到，如果这些统计真的值 38 美元，那么他可以为我们拍卖的每位打击手定价，根据是他对来年每位球手成绩的预测。在掌握了这些球员的相对价格后，巴顿连续几年成为我们当中最好的投标人，这让我们激动不已。现在大家明白了吧？即使是在幻想棒球的衍生品梦幻世界，模型也是极其宝贵的。事实上，我们有几个人参与了这项行动，并将我们的数字刊登在报纸和杂志上。25 年过去了，巴顿仍然乐此不疲，他现在与彼得·克罗采（Peter Kreutzer）经营着一家很赚钱的在线服务机构——为球手定价。他在等候幻想棒球为其颁发诺贝尔奖。

在幻想棒球里，就算发现您的模型有缺陷，也没什么大不了。人们只是不再买您的书或使用您的网站。另外，您在幻想联赛的排名会下降，在同伴面前有些面上无光。不过我们还可以寄希望于来年。我们这些有缺陷的模型并没有影响到真正的棒球联盟。但是，体验过切肤之痛的我们已经知道，当虚幻的金融模型出现问题后，它们可以导致实体经济瘫痪。

---

〔1〕我是在我的室友——体育记者拉里·范恩（Larry Fine）（他拥有一支幻想球队）和奎西·夏皮罗（Ouisie Shapiro）（他是联赛的第一任"委员"）的带动下迷上了这种游戏。在那段日子里，奎西每周都必须做手工统计，而我只能尽我所能给他帮忙。不久后，拉里拉我下水，让我成为他传说中的幻想专营机构——Fine Tooners 的合伙人。有几年，我一直负责编写彼得·格伦伯克（Peter Golenbach）"如何在炮制棒球队中获胜"的统计部分。目前，拉里和我仍然经营着 Fine Tooners。

我不具备高超的数学才能，无法剖析金融衍生工具模型。但普林斯顿大学的统计学教授传授给我们一个非常宝贵的概念："种瓜得瓜，种豆得豆。"不管模型如何优雅、数学工具多么精密，如果最初的假设是错的，那么结果必然是错的，也许是灾难性的。

几乎可以肯定的是，银行家们用来评定其证券分级的债务抵押债券模型是基于几个错误的假设。首先是次级抵押贷款借款人的违约率仍将继续维持泡沫时期的低位。这就好像洪水保险公司没有考虑到百年一遇的洪水一样。如果模型假设违约率较高，那么债务抵押债券类证券可能不会那么值钱。不过，还有很多压力迫使人们忽略更可怕的假设（可以肯定的是，一些精明的商人选择了赌注的另一边，因此在市场崩溃时大发横财，但大多数人与其模型一起坠入深渊）。

在制作模型的过程中，交易员们也对"回收率"进行了假设，也就是说，转卖一座房主违约的房子能够收回多少资金。在价值高估的时期，回收率肯定也非常高。人们期望房子在违约后被迫出售，他们能够得到的金额与抵押贷款相差无几。当然，还有折旧成本，但可以估算和建模。然而，实际情况是，迅速下降的房价必将也的确摧毁了违约房屋的转售价，连带的还有以更加乐观的回收率为基础的证券。

数量分析专家们还对所谓的"相关性"进行假设。他们的模型假设标的物投资组合集合中的每个抵押贷款或债券的行为是独立的，即一个出现问题不会对另一个造成负面影响，也就是说两者之间"不相关"。例如，如果一个次级抵押贷款借款人在拉斯维加斯破产，模型假设，这一事件与迈阿密的违约无关。此外，拉斯维加斯发生的一系列违约也不会影响整个住宅市场，而一般性房价下降不会造成违约住宅转售价格下滑。

但事实证明，当泡沫破灭时，整个市场密不可分。违约彼此连带，房屋价值也相互牵制。错误的模型引发了灾难性后果。

* * * * *

弗兰克·帕特洛伊（Frank Partnoy）和小戴维·A. 斯基尔（David A. Skeel Jr.）早在其2006年的预言性著作《信贷衍生品的保障与危险》中说明了这些缺陷。正如他们所说的，

> 评定债务抵押债券级别的过程变成了一种数学游戏——聪明的银行家们知道自己能够获胜。一位熟知该模型所有细节的人可以随意调整输入值、假设及相关资产，以便制造一种看似增值的债务抵押债券，即使它实际上并没有。数学模型的精确度是虚幻的……[1]

帕特洛伊和斯基尔还进行了更深一层的分析。在仔细研究了债务抵押债券的运作原理后，他们对衍生产品变废为宝的可能性表示出强烈的怀疑。债务抵押债券如何能够创造真正的价值？衍生产品经销商“赚取”的高额费用来自哪里？作者得出两个截然相反的结论。其中之一是，债务抵押债券的创造者洞悉了债券和抵押贷款市场中存在一个惊人的、之前被忽视的效率低下问题：不知为何，大量垃圾债券和抵押贷款的价值被大大低估，而分级过程中发现并释放了这一隐藏的价值。在这种情况下，债务抵押债券通过解决“实质性和普遍的市场不完善”问题来创造价值。但作者对这一理论持怀疑态度。他们认为，如果这种情况属实，那就表示这是“金融文学界迄今发现的最大的效率低下问题。”

而第二个结论，他们认为更为可信：债务抵押债券行业实际没有创造任何价值。更令人不安的是，债务抵押债券并非解决了一个

〔1〕弗兰克·帕特洛伊和小戴维·A. 斯基尔，《信贷衍生品的保障与危险》，宾夕法尼亚大学法学院，宾夕法尼亚大学法律学术文件125（2006年9月11日），第35页，http://lsr.nellco.org/upenn/wps/papers/125。

市场不完善的问题，而是“正在制造这样一个问题”。

危险就在不远处。

帕特洛伊和斯基尔最令人担忧的描述值得我们再次强调：“一位熟知该模型所有细节的人可以随意调整输入值、假设及相关资产，以便制造一种看似增值的债务抵押债券，即使它实际上并没有。”

正如我们所看到的，金融机构大多是通过轻微地修改假设来赚钱的。这种方式似乎已经为交易员们赚取了亿万美元的费用。债务抵押债券衍生工具市场的竞争压力为这种行为提供了切实的动机。但帕特洛伊和斯基尔的描述中最可怕的部分是，债务抵押债券不仅没有创造价值，而且还将导致金融系统中的价值减少。如果他们的分析正确，那么这些 AAA 级债务抵押债券类证券，事实上就只是垃圾。

他们的预见完全正确。就在他们提出警告（只是被业内的格林斯潘和伯南克之流忽视了）两年后，现实应验了他们的观点，债务抵押债券交易市场土崩瓦解。很显然，没有人再相信模型可以确定这些证券的风险。当然信用评级机构也成了众矢之的。他们看上去就像是一切只向钱看的傻瓜。很快，他们就对 AAA 级债务抵押债券重新分类，给它们贴上了应得的垃圾债券的标签。

一瞬间，养老基金、保险公司、大学捐赠基金、银行和地方政府手里持有的各种 AAA 级债券全化为垃圾。他们不得不或至少试图抛售这些垃圾，但找不到买家。由于购买这类垃圾资产的市场已经完全枯竭，因此现在这些投资的价值没人知道。有些可能一文不值，但问题是没有办法加以确定。如果您拥有一种 CDO 的平方产品，那么可以非常肯定地说，您有的只是一堆垃圾。如果您拥有一种以高风险的普通级证券掉期为基础的合成债务抵押债券，那么您也是两手空空。随着价值的崩溃，这些证券的私人场外交易市场也被迫关闭。您持有的毒垃圾可能要烂在手里了（这就是他们所说的“流动性不足的市场”）。

有些投资者现在仿佛如热锅上的蚂蚁，比如挪威纳尔维克市（在北极圈内）镇长卡伦·玛格丽特·凯华斯（Karen Margrethe Kuvaas）。为了提高该镇的财政收入，她听从一家值得信赖的挪威经纪公司的建议，将该镇的资金投资于由抵押贷款支持的AAA级债务抵押债券。经纪公司告诉他，这些证券很安全，所提供的回报要高于政府债券。她原计划利用额外的收入资助镇上的学校和社会服务。但在美国房地产市场泡沫破裂后，纳尔维克的投资价值在2007年底亏损了6400万美元。一时之间，该镇的财政预算削减了40%。他们甚至无力支付工作人员的工资。在接受《纽约时报》记者的采访时，60岁的凯华斯女士礼貌但却焦急地说："我时时刻刻都在想这件事。就因为这个，我们没办法把心思放在管理学校或照顾老人这种事上。"[1]

如果资产毒垃圾只是毁掉了像纳尔维克这样的小镇，或许这场危机能够被轻松地化解。但它的毒害已经深入所有主要的金融机构。

如果您是一家持有价值数十亿美元的这类证券和／或其掉期的银行或投资机构，那么您的麻烦就大了。您的部分资产，或许是绝大部分，已经化为乌有。您必须把它们记账，必须筹集更多资金。您可能还得出售其他资产以保证您的偿付能力。您卖得越多，其他人也卖得越多，如此一来，价格下跌的越快。您的负债可能要高于资产，因为一大堆以住房为基础的证券已经一钱不值了。您的账簿中记满了毒垃圾。您的企业已经濒临破产。

但情况仍在恶化。

* * * * *

之所以仍在恶化是因为还存在掉期交易的部分。许多主要的债务抵押债券参与者同时也是主要的掉期交易参与者。他们之前曾四处下注。如果一个主要掉期参与者破产，比如贝尔斯登，那么价值数十亿美元的掉期也随之破产。贝尔斯登将无力支付自己签订的掉期交易。而那些针对贝尔斯登债务的掉期也将得不到偿付。没多久，

〔1〕马克·兰德勒（Mark Landler），"美国信用危机阴云笼罩挪威"，《纽约时报》，2007年12月2日，www.nytimes.com/2007/12/02/world/europe/02norway.html。

那些毁掉纳尔维克镇的债务抵押债券就波及了贝尔斯登、美林、美国国际集团、房利美、房地美、美联银行、因迪美和华盛顿互惠银行，迫使政府下令让它们并入其他机构或接管它们。雷曼兄弟因为没有得到救助而宣布破产。

下面我们来研究一下债务抵押债券和信用违约掉期如何毁掉美国国际集团——世界上最大的保险公司。美国国际集团曾是一家非常赚钱的公司，该公司的债务获得 AAA 评级。除了其著名的保险和租赁部门，该公司还涉足信用违约掉期领域，因为这个领域的超高利润让他们难以抗拒。美国国际集团针对各种证券，其中包括最危险的普通级证券，与客户签订了价值高达 4500 多亿美元的掉期交易（即不受监管的“保险”）。该公司利用其债务的 AAA 信用等级让那些被保险人感到安心。此外，他们无需为自己签订的保险提供任何抵押品，这也归功于其 AAA 评级。他们只负责收取保费——就像印钞票一样快。这些证券的持有人向美国国际集团支付手续费，然后定期交纳保险费，以确保持有的债务抵押证券将来发生违约时能够得到赔偿。实际上，美国国际集团仅仅以一个承诺就赚取了上亿美元的费用。但是，这些交易的基础是假设美国国际集团能够保有其 AAA 信用评级。这些掉期合约规定，如果美国国际集团的评级被调低，那么该公司就必须提供抵押品，以确保他们能够还清的赌金。美国国际集团认为他们承保的 AAA 级债务抵押债券出现违约的几率是最小的，因此该公司被降级的可能性更是微不足道。因此，美国国际集团荷包满满、信心十足。

现在再来看看当那些 AAA 级债务抵押债券变为毒垃圾后，情况如何。正如我们已经看到的，当房地产泡沫破灭、次级抵押贷款违约率倍增后，评级机构往往对上述证券进行评级，并将其归为垃圾类，此外，还有许多证券发生违约。

现在，美国国际集团不得不向被保险人支付违约保险。但在偿付这些借据的过程中，美国国际集团用光了资金。他们试图立刻筹集数十亿美元的贷款，但遭到贷款人的拒绝。这是因为私人市场中的贷款人不仅意识到，现在把钱借给美国国际集团是种冒险，还因为许多贷款人也深处类似的债务抵押债券及掉期交易泥潭，无力自救。当信贷机构看到美国国际集团陷于困境时，他们调低了对美国国际集团的债务评级，促使其他掉期交易投资者纷纷提出抵押品要求。现在美国国际集团需要大量资金注入，否则就会破产。该公司曾试图出售旗下资产，但资产数额太少，而且为时已晚。为了防止该公司倒闭进而引起天下大乱，联邦政府介入，为其注资约 1000 亿美元，相当于已经接管了这位摇摇欲坠的保险业巨头（截至 2009 年 3 月，救助成本已经跃升至 1800 亿美元左右。当时，美国国际集团宣布亏损 600 亿美元，并正在商讨向联邦政府进一步借钱）。

此外，纽约联邦储备银行成立了一家新机构——Maiden Lane III，以收购和移除美国国际集团手中的合成债务抵押债券。当时的想法是让这家新成立的控股公司购买其相关资产并进行掉期平仓，以便解除美国国际集团的负担。然后，一旦标的物资产再次增值，那么由纽约联邦储备银行和美国国际集团共同持股的 Maiden Lane III 将有所斩获。本着公平的原则，有些人希望美联储或美国财政部也出资买下兜售给威斯康星州各学区的合成债务抵押贷款（截至写这篇文章时，肯诺夏教师协会正在向威斯康星州的国会代表团和美联储提出这一要求）。

如果联邦政府听任美国国际集团破产，那么依靠其支付赔偿金的公司可能就会一家接一家地倒闭。这将引发更多的掉期支付、更多的公司破产。其后果可能与导致大萧条的银行挤兑相媲美。

这次惨败的制造者是担任伦敦美国国际集团金融产品部门负责人长达 8 年之久的约瑟夫·卡萨诺（Joseph Cassano），他曾对这个计划信心十足。直到 2007 年 8 月，他还对投资者放言："不是我们轻率，要想经任何一种分析目睹我们在任何一笔那种交易中损失一美元都困难。"[1] 在涉及他自己的钱的时候，情况的确如此：

---

〔1〕杰伊·什勒（Jay Shaylor）、劳伦·皮尔（Lauren Pearle）和蒂娜·巴巴若维克（Tina Babarovic），"美国国际集团的伦敦办事处可能已经损失 5000 亿美元"，ABC 新闻，2009 年 3 月 10 日，http://abcnews.go.com/print?id=7045889。

在他于 2008 年 4 月被迫离任时，他卷走了 2.8 亿美元的补偿金，并在离任后 6 个月内每月领取 100 万美元的“咨询费”。

更讽刺的是，2009 年 3 月，美国国际集团（80% 已经归政府所有）居然利用纳税人的钱为高管们发放了 1.65 亿美元的巨额奖金。许多奖金流进了发明这种致使该集团遭遇灭顶之灾、整个国家经济陷入低谷的衍生品保险部门。后来，美国国际集团首席执行官爱德华·李迪（Edward Liddy）冒出了“狗吃了我的作业”这样荒唐的借口。他在写给财政部长提姆·盖特纳（Tim Geithner）的信中表示：

> 我们无法吸引和留住最好、最聪明的人才来领导和开展公司的业务——目前美国国际集团基本上是在代表美国的纳税人开展业务——如果员工们认为他们的补偿将继续受限于美国财政部并任其随意调整。[1]

弗兰克·帕特洛伊，几乎与所有的财经作家一样，都用赌博的比喻来解释为何几个主要的衍生产品经销商就能把整个行业整垮。他写道：“想像一下，有一种扑克牌游戏，每个玩家都从其他人那里借钱。现在假设其中最大的输家在跟一个不是他们牌桌上的玩家赌牌后输了，而且破产了。结果，这张牌桌上所有的玩家一下子全都破产。”[2]

我们再来更进一步分析这个比喻。试想一下，如果现在这张牌桌上所有破产的玩家都无法偿还欠其他牌桌上玩家的债务，情况会怎样？毫无疑问，其他牌桌上的玩家也跟着破产，以此类推，最后整个赌场的玩家都破产。或者，在现实中，整个信贷系统崩溃。

---

〔1〕埃德蒙·L. 安德鲁斯（Edmund L. Andrews）和彼得·贝克（Peter Baker），“AIG 在收到 1700 亿美元救助后，计划发放巨额奖金”，《纽约时报》，2009 年 3 月 14 日，www.nytimes.com/2009/03/15/business/15AIG.html。

〔2〕弗兰克·帕特洛伊，《传染性贪婪：欺骗和风险如何摧毁金融市场》，纽约：亨利霍尔特公司，2003 年，第 383 页。

输入2008年著名的“信贷冻结”。这究竟是怎么回事？我们在第二章曾经用到了一个比喻：整个银行系统为实体经济提供氧气。就像我们呼吸的空气一样，资金向无数个方向同时流动。公司需要短期贷款（按日计算），以支付薪资等费用。他们需要长期贷款，用于兴建工厂、购买设备并进行研发。抵押贷款、汽车贷款、助学贷款、信用卡等等都需要银行的资金来周转。即便是威斯康星州各学区每年也需要借入短期贷款，因为他们需要在等待地方税收和该州下拨资金期间疏通其收入流。

但这种流通取决于基本的银行对银行贷款。内地规模较小的银行将其剩余存款借给金融中心的大型银行，大型银行再将资金借给内地的大客户。大型银行之间出于各种目的相互借贷。如果他们停止借贷，各种贷款将陷于停顿。同样道理，一旦这些衍生产品破产，各种贷款将被迫停止。

站在幸存的九家全国大型银行之一的角度来看这个问题。您持有价值数十亿美元的债务抵押债券资产，但其价值已经一落千丈。您不敢将这部分资产出售，因为这样一来，您就不得不记录这笔巨额损失，并可能会因此宣布破产。所以您牢牢抓住这部分资产不放，并祈祷它们赶紧升值。您手里还有数十亿美元的掉期合约——如果其他银行和公司倒闭，这部分掉期可能很快就会到期。事实上，您在投注时四处出击——您既是保险人又是被保险人。由于有毒资产全部损失，您可能需要将其从资产中减记，所以现在您的资本基础正在不断减少。您需要更多资金。您还担心公司是否有足够的资金，以便应付任何突发的掉期偿付。更有甚者，您非常清楚其他金融机构的境况跟您一样。即使您知道您可以通过为其他银行贷款赚钱，但您却不敢有所行动，因为您不知道他们的实际情况有多糟——他们的资产毒垃圾都隐藏在特殊用途的工具中。

鉴于这种情况，您还打算把您手里宝贵的资金借给别人吗？门儿都没有。您会按兵不动，静待事态发展（真是太感谢您了）。而这也的确是各银行采取的策略（截至写这篇文章时，他们依然维持这一策略不变）。他们不相信任何人、任何理由：他们知道自己背负了许多资产毒垃圾，同时也知道其他人与他们一样。如果他们放贷，可能就再也收不回来了。联邦政府立下了很多保证才让这些市场开始解冻。到目前为止，政府的所有努力只不过是把冰变成冰水混合物而已。要想恢复自由流通的金融空气，我们仍然有很长的路要走。

金融空气不足必将导致“实体”经济窒息，这只是时间早晚的问题。没有汽车贷款意味着汽车销量极少。没有抵押贷款意味着房屋销量和价格大幅下跌。工人失业，消费者停止消费，经济呈螺旋式下降。

* * * * *

自封为大萧条“爱好者”的本·伯南克并没有对这些事件掉以轻心。眨眼间，他的学术研究已不再是学术。他非常清楚如果金融系统冻结、贷款停滞会招致何种后果。这种情况曾经在 20 世纪 30 年代出现过，现在它再度现身。

伯南克对危机发起攻击——他的研究表明应该对其发动攻击。他回想起自己所支持的米尔顿·弗里德曼对于大萧条成因的看法。他认为，经济研究已经证明，投机热潮——即使在它们破灭时——并没有酿成大祸。虽然 1929 年的股市崩溃的确严重破坏了金融系统，但它并非一定能够造成大萧条。相反，伯南克认为，美联储未能提供保持经济运行的充足的流动性才是萧条的主因。美联储未能救助足够多的银行、未能向银行体系注入足量的资金，进而打破信贷冻结局面。20 世纪 30 年代的美联储严格遵循黄金标准，这实际上降低了世界各地的资金流动。在伯南克看来，经济学家已经完全证明，那些在 20 世纪 30 年代并未采取这种货币紧缩政策的国家避开了大萧条的风头。

因此，随着金融危机的加剧，伯南克知道该怎样做。他调低了美联储的利率——几乎为零。他敲响了警钟。他知道，如果金融大气耗尽（无论时间长短），经济将陷入衰退，或者更糟。这是大势所趋。只要企业无法获得正常营业的信贷资金，那么就会有越来越多的企业宣告破产。此外，由于众多金融机构通过掉期合约把自己与企业绑在了一起，因此破产风潮可能迅速蔓延至世界各地。真是不幸的消息。

伯南克也没有采纳自由市场意识形态中最坏的部分。他、财政部长亨利·鲍尔森和其他布什政府高级官员不能视而不见，假装自由的金融市场能够自行修复。这必将导致另一场经济大萧条。政府不得不直接干预和插手。

伯南克很快就意识到，干预的规模将会非常庞大。首先，美联储帮助贝尔斯登并入 JP 摩根，并为其账面上的250亿美元资产毒垃圾担保。然后，他们接管了房利美和房地美，并为两家公司持有的价值高达2000亿美元的垃圾证券买单。他们弃雷曼兄弟于不顾，任其破产。但他们不得不向美国国际集团注资 1000 多亿美元，而该公司持有近 5000 亿美元的信用违约掉期。他们还力促美林（与美国银行）和华盛顿互惠银行（与摩根大通）合并。这些都是在债务抵押债券赌场中轰然倒下的大型企业。接下来，他们要求国会批准 7000 亿美元的议案，目的是通过尽可能多地收购资产毒垃圾的方式漂白银行的账簿。

在这些努力很快全部失效后，伯南克直接提出将九家主要银行国有化，就像瑞典在上一次危机和英国在本次危机中采取的措施一样。他和鲍尔森选择了一种非常温和、临时性的国有化形式：

> 他们通过向银行大规模注资换取了优先股。政府也获得了购股权证——赋予政府以现在设定的价格在未来购买这些银行股份的权利。如果银行的市值增加，纳税人将通过这些权证获益。但是，他们并不希望过多地干预银行的业务，因此，政府并没有规定注入资金的具体用途。毕竟，他们都是银行家，对于这种游戏该怎么玩有着共识。

伯南克成为社会主义者了吗？不可能。从根本上说，他并不信任他所供职的这个政府。正如他于 2009 年 2 月 25 日在众议院金融服务委员会上作证时表示，他想依靠“私营部门的专家，而不是政府官僚”。[1]

但他也不会沦落为一个愚蠢的自由市场理论家。很显然，他已经向显而易见的事实妥协：自由的金融市场已经失控。只有大规模的政府（国内外）干预，才能挽救我们的金融系统免于崩溃，阻止它带动实体经济陷入危机。美联储未能挽救 1929 年的大萧条。这一次，伯南克将为其正名。

如果伯南克 - 弗里德曼对于大萧条的理论是正确的，那么向金融机构提供的这笔庞大的“贷款”将推动经济继续向前发展。财政部投入的更多资本将增加银行的偿付能力并重新启动放贷业务。美联储能够一步一步地解冻各类金融市场，包括企业资本市场和助学贷款证券化。我们将会经历衰退，甚至是严重衰退，只不过时间更长而已。

但如果目前危机的真正原因并非银行资金不足呢？如果危机源于更大的结构性问题呢？如果这些人对大萧条的认识是错误的呢？也许保守学者没有真正驳倒自由左派对于大萧条的理论。或许大萧条实际上就是一场生产过剩和消费不足的危机，导致这一危机的是 20 世纪 20 年代后期工薪阶层购买力下降。也许我们目前危机发生的真正原因是：绝大部分本应用来提高工人工资的生产力增加收益却流入了“投资者阶层”的腰包，然后又被投入虚幻的金融赌场。或者是因为消费者无法继续借入更多债务，以购买商品和服务，因为他们的实际工资在过去二十多年一直停滞不前。如果事实证明伯南克 - 弗里德曼理论完全错误，那会怎样？

我们就是一群小白鼠，正在等候实验的结果。

---

〔1〕本·伯南克，2009 年 2 月 25 日，在众议院金融服务委员会上的证词，C-SPAN 视频资料，视频时间：01:43:30，www.cspanarchives.org/library/index.php?main_page=product_video_info&products_id=284296-3&showVid=true。

第九章

虚幻金融的末日来临?

您想要虚幻的金融吗？打开有线财经新闻，您仍然可以看到自由市场拉拉队为其摇旗呐喊的热闹场景。

口号一：政府干预扭曲了自由市场！房地美和房利美为一无是处的低收入群体提供贷款，促使国家身陷次贷危机。

口号二：政府法规庇护三大评级机构，允许他们对证券进行错误的评级，从而加剧次贷危机。救助和经济刺激计划会让情况更糟糕。

口号三：取消所有政府限制、降低税收、让市场决定自己的命运！

即使在整个信用体系冻结，将全球经济推入危机境地之时，前参议员菲尔·格拉姆仍在高唱赞歌。正如他最近所言："总的来说，信用违约掉期传播了风险，而不是创造了风险。人们盯住它们不放的唯一原因是，有些政治家根本不知道信用违约掉期和萝卜有何区别。"[1]

---

〔1〕埃里克·利普顿（Eric Lipton）和斯蒂芬·拉伯顿（Stephen Labaton），"面对大势，前议员仍力促取消金融监管"，《纽约时报》，2008年11月17日，www.nytimes.com/2008/11/17/business/economy/17gramm.html。

幸运的是，没有一位严肃的决策者听他胡说八道。大多数决策者已经认识到，市场原教旨主义理论敌不过现实世界的残酷。他们知道，化解危机需要的是政府下大力气干预。人们希望，迷信金融市场的时代已经一去不复返了。虚幻的金融在现实中碰了壁，而我们也已经与这些妄想做了了断。

或者还没有。

实际上，就连一些温和的学者也警告说“政府对金融部门的干预过多”。托马斯·弗里德曼（Thomas Friedman）就是其中之一。弗里德曼在2008年10月26日为《纽约时报》撰写的文章中指出，认为政府介入可能阻止了银行承担“发展经济”所需的合理风险。现在，政府已经成为美国九大银行最大的投资者，弗里德曼认为我们应该给银行一些空间。他让我们想像一下，有两位年轻、时尚的企业家，就像谷歌的创始人，走进一家受政府监管的银行要求贷款。弗里德曼认为银行家会说：“老兄，你们的想法非常有趣。但我现在最大的股东是美国财政部，如果你们认为我把钱贷给一种叫‘谷歌’的东西……只能说你们运气不好。”[1]

哦，您知道那些古板的政府官僚们是什么模样。他们太愚蠢、太谨慎，根本不懂弗里德曼所说的“冒险和冒失之间的细微差别。冒险推动创新，而冒失则引发危机”。他希望有人或有些措施能够遏制冒失行为，但却不扼杀冒险行为。

听起来很耳熟吗？这个论点可以一直追溯至19世纪初搅乱整个英国经济的金融泡沫时期。当时的情况和现在一样，经济自由派们试图查明冒险和冒失之间、创新金融和赌场之间的细微差别。不过，他们一直没有找到答案，但他们却多次让赌场失控。除了大萧条中的部分例外，在每次泡沫形成和不可避免的破灭后，该行业的业内人士总是千方百计地抵制监管。他们甚至避开了像由凯恩斯等提出的最强烈的监管倡议，并在随后短短数十年间设法削弱和去除

〔1〕托马斯·L. 弗里德曼，“如果拉里和谢尔盖（Sergey）要求贷款……”，《纽约时报》，2008年10月26日，www.nytimes.com/2008/10/26/opinion/26friedman.html。

已经实施的监管措施。今天，我们将再次面临失败——只要处心积虑的舆论制造者和决策者们将现实世界的经济投资与虚幻的金融混为一谈。

我怀疑本·伯南克或其他决策者会特别在意银行贷款给初创公司这种事。创立一家新谷歌所需的资金与目前金融市场中冻结的上万亿美元相比，不过是九牛一毛。真正的问题是如何处理那些危险的衍生工具。早在政府出手干预之前，向初创企业的贷款就已经停止了。银行停止贷款的原因是他们的资产负债表中记满了资产毒垃圾，他们已是濒临破产。所以，现在政府利用公共资金和担保为其注资，以便让他们再次开始放贷。现在不愿承当风险的是银行，而不是政府。

托马斯·弗里德曼还警告我们，监管不能代替有效的管理。他认为，像摩根大通和西班牙国际银行等金融机构的“幸存不是因为他们受到了比街对面银行更有效的监管，而是因为他们拥有高水平的管理层。他们的管理层对风险的警觉性比任何要求他们提高警惕的监管机构更高。”[1]

这个问题不难解决。问题是已经变成毒垃圾的最危险的衍生工具仍然完全不受管制！我们不应该忘记摩根大通一直在忙着处理许多可疑的衍生品交易，而这些交易在安然做假账的过程中功不可没。而现在，摩根大通也成为问题的一部分：他们是政府正在试图打破的信贷冻结的制造者之一。他们当然不会为年轻的谷歌式企业家贷太多款。而投资者和股东们或许会热烈欢迎对西班牙国际银行那些更有“警觉性”的管理者们进行更严格的监管——他们在伯纳德·麦道夫的庞氏骗局中损失了30多亿美元。

挑选模范银行可是一种风险很高的业务。因为他们都参与了赌场的赌博活动，其中任何一家随时都有可能倒闭。或许现在是消除监管恐惧和承担风险谎言的时候了。事实不断证明，如果没有政府

〔1〕托马斯·L. 弗里德曼，“如果拉里和谢尔盖（Sergey）要求贷款……”，《纽约时报》，2008年10月26日，www.nytimes.com/2008/10/26/opinion/26friedman.html。

的严格把控，我们就完了。

* * * * *

大多数金融领袖们同意，我们必须制定审慎的法规来控制这些无节制的金融行为。他们所达成的共识似乎是，我们需要更高的“透明度”。当各国的政策领导人，如本·伯南克和尼古拉·萨科齐（Nicolas Sarkozy）等，面对“特殊和晦涩难懂的”衍生工具无计可施时，他们想到了赌场的密室——那个跳大腿舞和进行其他非法活动的地方。当他们宣布，我们需要信用违约掉期和债务抵押债券市场“透明”时，就像他们希望让明亮的阳光照进那间密室一样，希望借此阻止那些令人讨厌的交易。那种方式有用吗？或者虚幻的金融会不会再找一间暗室继续胡作非为？

2003 年，业内著名专家弗兰克·帕特洛伊提出了一套彻底的改革建议。他将矛头直接指向信用违约掉期和债务抵押债券，并对合成型债务抵押债券的潜在损害尤为担心。他和我们一样，对这些涉及不属于任何一方的债券掉期合约产品充满畏惧。他称之为“金融炼金术的极致”。[1]

帕特洛伊知道，债务抵押债券不能奇迹般地使派生出它的债券或抵押贷款组合的价值提升。分级归类并不能真正地让衍生产品较标的物资产组合更具价值。但他注意到，这种虚假的价值提升使得衍生产品经销商以费用的形式将约2%的分级证券总成本据为己有。此外，这类证券的投资者所得到的回报率远高于同等额定投资（冈特·迈斯纳（Gunter Meissner）在其教材《信用衍生产品》中指出，经销商收取的费用更可能是 10%）。他们是如何做到的？

帕特洛伊认为，这种价值虚增来源于金融机构与信贷评级机构的博弈——标准普尔、穆迪和惠誉对于分级证券审批的垄断。证券

〔1〕弗兰克·帕特洛伊，《传染性贪婪：欺骗和风险如何摧毁金融市场》，纽约：亨利霍尔特公司，2003 年，第 385 页。

和交易委员会的授权让这些投资界把关人大发横财。这些机构可以利用他们制定的评级标准，允许或禁止一家金融机构购买某种证券。根据联邦法规规定，一个最高信贷评级将为银行、保险公司、养老基金等金融机构打开一个巨大的市场。

衍生产品经销商是如何获得这种有利的评级的?

帕特洛伊给出的答案是，各大商业银行和投资银行的衍生产品交易商们欺骗了评级机构中的那群笨蛋[1]（我非常赞同他的看法）。

帕特洛伊直言不讳：

> 任何密切关注信贷评级机构的人都会发现，他们的重要性难以服众。三大评级机构中的分析师都是些很不错的人，但他们并不是——说得好听些——这一行里最聪明的人。众所周知，一流的分析师早已经被银行抢走了，而二流分析师也被投资银行聘走了。根据他们最近的记录可以得知，如果剩余的这部分人只是负责报纸中的商业版，应该会做得很不错。[2]

上面这段文字写于2003年，早在我们当前的危机爆发前，安然、环球电讯、世通公司和奥兰治县破产之后，这些机构／政府的债务被信贷机构大大高估，直至其破产。

合成型债务抵押债券太过复杂，难以分析，因为它们的价值取决于大批标的物债券或抵押贷款。即便是利用复杂的（易出错）建模和高超的技巧，得到的也只是其真正风险的近似估算值。正如我们前面已经探讨过的，这些模型是被操纵的。帕特洛伊称，银行员工曾私下承认“他们可以调整这些模型，以便让债务抵押债券交易貌似增值。”[3]

---

〔1〕虽然我的样本非常小，但我的确遇到过一些在评级机构工作的一流的分析师。

〔2〕弗兰克·帕特洛伊，《传染性贪婪：欺骗和风险如何摧毁金融市场》，纽约：亨利霍尔特公司，2003年，第387—388页。

〔3〕弗兰克·帕特洛伊，《传染性贪婪：欺骗和风险如何摧毁金融市场》，纽约：亨利霍尔特公司，2003年，第388页。

但如果这些鬼把戏被评级机构的分析师发现了怎么办？这个好办，帕特洛伊说："进行债务抵押债券交易的银行将以高出其目前工资很多倍的薪水雇用这位分析师。"[1]

自提出后，帕特洛伊的观点便被学术界加以研究并不断验证。托马斯·菲利普斯（Thomas Philippos ）和阿里尔·雷谢夫（Ariell Reshef）教授在2009年1月发布的国家经济研究局论文中得出结论：

> 现在回想起来就会发现，很显然，监管机构并不具备能够跟上金融业发展步伐的人力资本，也没有能够充分了解这一行业、发挥有效监管作用的专业人士。鉴于我们提供的工资对比，监管机构想要吸引和留住技术娴熟的金融雇员根本不可能，因为他们所给的薪水无法与私营部门的薪水竞争。[2]

这个问题在2003年后开始恶化。当时，信用评级机构开始认识到，他们可以通过给予这些特殊的金融工具AAA评级获取巨额利润。这可是大买卖。据统计，在2002年到2007年期间，信用评级机构的收入从30亿美元增至60亿美元，增加了一倍。穆迪公司的利润在2000年至2007年间翻了两番，连续五年成为标普500强企业中利润率最高的公司。[3]

在利润的驱使下，他们极尽可能地给予所有需要评级的项目以有利的评级，唯恐其他机构夺走交易机会。泡沫破裂后，在一次国会听证会上，来自评级机构内部的令人尴尬的电子邮件和短信被公布于众："我们为每个交易对象进行评级。就算那是一群牛做的，

---

〔1〕弗兰克·帕特洛伊，《传染性贪婪：欺骗和风险如何摧毁金融市场》，纽约：亨利霍尔特公司，2003年，第388页。

〔2〕托马斯·菲利普斯和阿里尔·雷谢夫，"美国金融业工资与人力资本：1909-2006"，国家经济研究局工作报告第14644号，2009年1月，第32页，http://pages.stern.nyu.edu/~tphilipp/papers/pr_rev15.pdf。

〔3〕众议院监督和政府改革委员会主席亨利·韦克斯曼（Henry Waxman）"信用评级机构和金融危机"开幕词，2008年10月22日。

我们也照评不误。”[1]（这是一家评级机构的分析师写给另一位分析师的。）

（威斯康星州应该对这群牛并不陌生，他们让当地的五所学区沦为这些虚假评级的牺牲品。该州的几个学区被告知，他们投资的是 AA 证券，而事实上，他们购买的证券本应被评为垃圾债券。）

为了帮助其银行客户的债务抵押债券获得最高评级，评级机构实际上也在伙同衍生经销商对分级结构进行了调整。这些评级机构利用一种名为“蒙特卡罗”的数学演算法测试了分级证券。据《彭博市场》杂志 2007 年 7 月刊登的一份题为《评级的游戏》报告，蒙特卡罗计划“通过随机运行信息让骰子有效滚动了超过 10 万次。”[2]据说这种方法有助于确定债务抵押债券类证券的违约概率。然而，正如一位评级主管所说：“如果您使用的输入数据有一点点不确定，那么您得出的数字就是垃圾，虽然它们看起来很有说服力。”[3]

当危机爆发，所有人都在寻找罪魁祸首时，信用评级机构撞到了枪口上。国会议员们抱怨说，那些信任 AAA 评级的选民们感到被出卖了。他们感到愤怒，并希望负责人下台。就连艾伦·格林斯潘也试图与之划清界限，他表示：“在我看来，问题的核心是信贷机构给出的不切实际的正面评级导致银行、对冲基金和养老基金对美国次级抵押贷款证券的需求激增。”[4]

谁都不知道接下来这些愚昧的信贷机构的命运将会如何。奥巴马政府的官员们正在讨论这些机构的其他创收来源——禁止他们从其给予评级的机构获取报酬。一些自由市场人士认为唯一的解决办

〔1〕香农·穆迪（Shannon Moody）给拉胡尔·蒂利普·沙阿（Rahul Dilip Shah），2007 年 4 月 5 日，http://oversight.house.gov/documents/20081022112325.pdf。

〔2〕理查德·汤姆林森和大卫·埃文斯，“评级的游戏”，《彭博市场》，2007 年 7 月，www.bloomberg.com/news/marketsmag/ratings.html。

〔3〕同上。

〔4〕“艾伦·格林斯潘博士的证词”，众议院监督和政府改革委员会，2008 年 10 月 23 日，第 3 页，http://oversight.house.gov/documents/20081023100438.pdf。

法是设立一个不受“政府干预”的、繁荣的信贷机构市场。但问题是，衍生工具经销商们很快就会掌握与这些新机构进行博弈的技巧，然后达成他们的目的。

帕特洛伊此前已经建议，政府可以通过取消信用评级机构受到宪法“言论自由”规定保护的权利这种方式，控制其行为。而目前的情况是，信贷机构认为他们提供的只是“意见”，故而不能因为“意见”错误而被起诉。现在这些机构臭名昭著，或许他们在给出高评级时会极为谨慎。而国会也将密切关注其一举一动，直到危机平息。

另外一个更棘手的问题是该怎样处理“特殊和晦涩难懂的”金融衍生产品。决策者们达成的共识是，采用十多年前布鲁克斯利·伯恩和总审计局提出的规管建议。我们应该禁止投资者在暗室里进行不受监管的衍生品交易。所有交易都应该正确地记录在资产负债表，包括场外交易。所有衍生产品的价格应当在网上公示。众目睽睽之下，最恶劣的陋习应该无处遁形。而投资者也会远离依赖于特殊和晦涩难懂的衍生产品企业。

政府的智囊们认为，只要对所有证券及衍生产品进行规管，我们就能够消除其存在的大部分理由——避开管理其他证券的法规。当银行需要的杠杆率超出银行法规规定的范围时，他们就使用衍生工具。当类似安然这种私营企业希望制造利润稳步上升的假象时，他们就使用神秘的掉期衍生工具（由托马斯·弗里德曼眼中优秀的摩根大通的管理者们提供）。很少有哪家大型企业能够抗拒使用不受监管的衍生工具的诱惑，从而操纵他们必须披露的事项。正如帕特洛伊所说的：“只要‘证券’受到监管，而类似的‘衍生工具’却逍遥法外，那么衍生工具就将成为被监管各方进行肮脏勾当的隐秘之所。”[1]

帕特洛伊和其他人也都呼吁严厉追究违法分子的刑事责任。如果伯纳德·麦道夫能多几个亿万富翁室友，相信许多民众会拍

〔1〕弗兰克·帕特洛伊，《传染性贪婪：欺骗和风险如何摧毁金融市场》，纽约：亨利霍尔特公司，2003年，第406页。

手叫好。

但这些新方法能解决问题吗?

我心存疑问。即使最精明的评论家也不断被金融工程冲昏了头脑、受其蒙蔽。例如，在 2003 年出版的《传染性贪婪》一书中，帕特洛伊实际上是在称赞衍生工具及其使用者——银行。他在书中这样写道："衍生工具和金融创新带来了很多益处，有助于各方降低风险和成本。" 更令人惊奇是，在描述 21 世纪初安然、世通和其他一百多家倒闭的公司时，他写道："监管机构也是其中的一部分，因为现在使用信用衍生产品以减少自己风险的银行已经基本上消除了整个银行系统崩溃的威胁，而这是美国主要监管机构最担心的问题。" [1]

这段文字出自于最精明的衍生产品评论家之一，情况着实令人担忧。他怎么能错得如此离谱? 正如我们已经知道的，"整个系统性崩溃的威胁" 并没有消除。崩溃发生了——在信用衍生产品的帮助下真实地发生了。我们必须得出的一个结论是，那时衍生产品的问题远比帕特洛伊推测的要严重许多——严重到 "透明度" 已经不足以保证其安全。

为什么像帕特洛伊这样的评论家，以及像格林斯潘这样著名的领导人，都低估了衍生产品的危险性? 为什么他们没有像十多年前的总审计局和伯恩那样意识到它们对于金融系统的威胁?

或许他们被过去的经验迷惑了。他们看到，本世纪初发生的那次近百家企业倒闭的风潮并没有损害整个银行系统。9 · 11 事件后出现的经济放缓和股市暴跌并没有引发金融系统崩溃。因此，他们认为，既然银行是衍生产品的主要玩家，那么他们必定能够很好地对冲自己的风险——因为他们已经识别并分散了风险。不过，帕特洛伊担心，他们将风险转嫁给那些没有能力处理风险的投资者的做

[1] 弗兰克 · 帕特洛伊，《传染性贪婪: 欺骗和风险如何摧毁金融市场》，纽约: 亨利霍尔特公司，2003 年，第 403 页。公平地说，帕特洛伊这样积极地看待衍生产品的时间并不长，这一点我们可以在 2006 年他与斯基尔的著作的第 8 章看到。

法。但即便并非自愿，我们信用体系的基本特征仍保持完好。

《传染性贪婪》（这个语句源自格林斯潘，后来被帕特洛伊用作新书的书名）可能有助于解释为何业内专家没能就衍生产品发出警报。帕特洛伊在描述2001年美国运通公司在企业债券债务抵押债券中损失8.26亿美元的过程中提到了这个问题。从1997年开始，身为老牌金融机构的美国运通公司制作了大量企业债券，并将其分级发售。该公司将更为安全、低风险的超高级证券留给自己，将高风险部分出售给爱冒险的投资者。在1998年长期资本管理公司破产后，美国运通一下子找不到高风险级证券的买家。显然，这时明智的做法应该是停止制作债务抵押债券，但美国运通不愿放弃轻松赚取高额费用的机会，因此继续一意孤行。

那么，美国运通怎样处理那部分无人问津的风险证券？他们自己全部留下了！当标的物集合中的几家公司发生债券违约时，底层的这部分证券的价值化为乌有。标的物债券集合的损失如此严重，以至于高级证券的价值也受其拖累，一落千丈。眨眼之间，美国运通公司便损失了近10亿美元，公司董事长肯尼思·切诺特（Kenneth Chenault）不得不公开承认，美国运通“没有认识到这种风险。”[1]

帕特洛伊和格林斯潘都认为，在经历了2001年崩溃之后，没有人会再犯这种愚蠢的错误——当然不是指各大银行和投资公司，他们一直在聘请一流的人才。显然，发明了普通级证券的银行知道这是些需要被处置掉的毒垃圾。帕特洛伊认为，衍生产品的主要参与者们将使用信用违约互换把风险——“烫手的山芋”——转嫁给其他投资者。

格林斯潘声称，在发现持有毒垃圾的机构数量如此众多时，自己惊呆了。他承认自己应该接受实施更多监管的建议。正如他在2008年10月23日讲话时所说：“看到贷款机构为了保护股东利益而表现出的自私自利的行为，我们大家（特别是我自己）处于一种

〔1〕弗兰克·帕特洛伊，《传染性贪婪：欺骗和风险如何摧毁金融市场》，纽约：亨利霍尔特公司，2003年，第390页。

震惊和难以置信的状态。”[1]

但即使发生了美国运通公司巨亏事件之后，各大银行仍然在重复同样的错误：他们把卖不出去的资产毒垃圾握在自己手里，因为他们不想放过收取整批债务抵押债券费用的机会。这些费用太诱人了，普通级债券的收益太难以抗拒了……因此他们一直拖着。即使是热衷于贪婪或泡沫心理学的学生都无法想象，美国国际集团会将数十亿美元的资金用于承保债务抵押债券的次级证券，之后却没有对冲其投注风险。帕特洛伊和格林斯潘都认为信贷违约掉期将分散风险。他们万万没有想到，处于信贷违约掉期业务核心的银行将毁掉整个金融系统。

理论家格林斯潘和铁杆评论家帕特洛伊都错了。有鉴于此，我们如何能够指望那些“最精明的专业”监管机构正确行事呢？

而这其中最根本的缺陷是，几乎所有改革者都想当然地认为，信用违约掉期和债务抵押债券具有内在的经济价值和社会价值。他们假定，我们可以利用这些工具有效地分散风险，降低整体信贷成本，更有效地分配信贷，保护整个信用体系。而这种立场的主要证据似乎是金融市场赋予了债务抵押债券及掉期价值，并假设市场价值代表经济价值。不过帕特洛伊分别在 2003 年和 2006 年指出，债务抵押债券是愚人金——它们唯一的价值来源于与信贷评级机构的博弈和规避监管。现在政府正试图找出如何将这些有毒的债务抵押债券从被污染的银行资产负债表中拔除的方法，我们还能说它们具有“真正”积极的经济价值吗？[2] 毕竟，目前供这些金融工具横行的市场已经不复存在了——除非政府再通过大规模贷款和虚拟利润保证开辟一个。其大部分价值似乎已经消失在虚幻的金融深处。

---

〔1〕“艾伦·格林斯潘博士的证词”，众议院监督和政府改革委员会，2008 年 10 月 23 日，第 2 页。

〔2〕截至 2008 年 11 月，布什政府放弃了原来购买金融公司资产毒垃圾的问题资产救助计划，转而采用直接注资方法。他们表示，这个过程将需要很长时间。但在 2008 年 2 月，奥巴马政府又重新启动该计划，通过公私部门合作的方式购买金融机构的有毒资产，以便保护投资者不受损失。这一计划在 2009 年 3 月下旬推出，得到了华尔街的大力欢迎。

我在等待有人站出来承认，这些大胆的金融“创新”对社会根本没有任何用处，从来就没有。

得出这种结论的关键是，没有证据表明信贷违约掉期有助于稳定金融体系。而现有的证据全部指向相反的结论。如果政府顺应市场的力量让美国国际集团破产，那么世界各地的金融多米诺骨牌仍然会一个接一个倒下。

现在正是债务抵押债券和信用违约掉期的辩护者们向我们展示这些金融工具创造了价值的大好时机，不只是理论上的证据，还需要拿出实体经济上的有形收益证据。证明它们自身价值的证据在哪里？

曾经指责伯恩和总审计局的规管建议将为“金融创新大熔炉”泼冷水的决策者们现正准备亲自推行这些法规。但他们仍然固守那句老话，警告说，我们必须确保不能扼杀天才们的创造性——金融创新必须予以鼓励，而不能借助监管改革之手扼杀。

也许我们需要一些金融勒德分子（译者注：仇视新发明的人）挺身而出。事实非常清楚，“金融创新”失控，创造出的金融毒垃圾超出了我们的处理能力。如果金融创新将导致经济灾难，我们至少应该考虑一下没有它们的世界会是什么样子。也许赌场已经发明了足够多的机遇游戏，能够千年不倒。

最后，帕特洛伊说出了自己的怨言。我们怎样才能在那部分“最聪明”的人已经被银行买走的情况下，建立能够有效管理这些复杂的衍生工具的监管制度？政府怎样才能找到并留住轻易就被高薪挖走的监管人才？

这是一个简单的经济学问题。效力于政府部门的人必须拥有强大的自制力和公德心，因为您必须面对银行、投资机构或对冲基金开出的10倍、甚至100倍的高薪诱惑。如果您非常聪明，能够理解无数复杂的衍生工具，那么您在政府部门工作的时间不会太长（除非您是亨利·鲍尔森、罗伯特·鲁宾或拉姆·伊曼纽尔（Rahm Emmanuel），而且您已经从华尔街赚足了资本，能够负担担任供职期间的开销）。试想一下，政府监管部门一位极为聪明、能够理解衍生产品的年轻人面前的诱惑。在纷至沓来的上百万年薪的诱惑面前，她能坚持多久?

或许，奥巴马政府呼吁公共服务的呼声能够招来可以理解这些“特殊和晦涩难懂的金融工具”的空想家。但如果我们能够缩小金融业和国民经济中其他部门的巨大薪酬差距，解决这些问题就会容易得多（我们将在第十章再次探讨这个问题）。

*****

金融部门不仅利用钱赚钱，他们还可以用旧钱造新钱。举例来说，当我们把1美元存入一家商业银行后，根据相关法规规定，这家银行可以进行一系列新的贷款，总额约为11.50美元。[1] 确切地说，银行是在利用您的存款通过多次贷款创造新的资金。当投资银行和对冲基金的杠杆率是其基础资本的30倍、50倍甚至100倍时，就说明他们正在制造巨量的新资金。而不受监管的衍生产品市场创造了难以计数的杠杆式投机。试想，投资者从合成型债务抵押债券和CDO的平方产品中赚了多少钱，而这些钱都是建立在数量相对很小的真实标的物抵押贷款基础上的。随着资产价格在格林斯潘任期内大幅上升，衍生产品经销商进一步利用这部分增加价值赚钱的能力也在提高。债务抵押债券和信用违约掉期（单独或共同）催生了虚幻的金融泡沫。

让我们一步一步仔细分析杠杆式投机的想法，任何办理了抵押贷款的人都在利用杠杆式投机。如果我们缴纳了20%的首付款，剩下的80%用贷款，那么我们的杠杆率是4比1（即债务对产权的比率）。利用这一杠杆率，我们可以获得很好的投资回报。举例来说，如果我们房子的价值增加了20%，那么我们的资产价值就将增

[1] 这个例子假设银行的法定存款准备金率为8%，这是惯例。这表示，如果银行收到100美元的美元存款，他们只能借出92美元。当那92美元再次存入银行后，他们只能借出84.64美元，如此类推。所有贷款总和最终将高达1 150美元。

加100%。当然，杠杆式投机也意味着我们的损失可能更大。比如，如果我们房子的价值下降了20%，那么我们的资产价值便损失殆尽。

金融衍生品增加了杠杆式投机。期权交易可以让您使用相对少量的资金购买大量股票、债券或商品的权利。如果您想一下，就会发现，信贷违约掉期也增加了杠杆式投机。如果您承保了一种债券并收到保险费，那么就表明您已经凭空创造出了一种新证券。您没有付出但却获得了回报。然后，您可以利用您的新资产——掉期——借到更多的资金。而当您通过掉期交易承保了一项资产后，您的第一项资产的价值便得到提升，您就可以利用它借入更多的资金。

受监管的银行利用不入账的特殊用途工具制造并持有债务抵押债券。这些债务抵押债券让银行提高了其杠杆率，其幅度远高于监管限制。事实上，全球金融赌场一向拥有用不完的花招，以确保其顾客能够享受杠杆式投机的好处。

杠杆式投机不能过多吗？

我们前面说过，“实体”经济需要在地面上的某个地方进行生产。我们也说过，金融业是大气——云与空气等让我们地面上的实体经济呼吸和不断发展的元素。这种金融大气与实际生产直接挂钩，因为所有贷款其实都是对全球经济实际资产的债权。健康的经济生产需要一定数量（多少不明）的金融空气。过多将导致经济生产窒息。“虚幻的金融”是漂浮在大气上层中的一团不透明的物质。

这个简单的比喻能够让我们提出一个根本性的问题：金融空气和地球表面上的“实体”经济之间的平衡点在哪里？

查尔斯·R.莫里斯在其《万亿美元大窟窿》一文中给出了一些可怕的统计数据：“不久前，所有金融资产的总和，包括股票、债券、贷款、抵押贷款等针对实物的债权，大约相当于世界各国的国内生产总值总和。现在这一数字正在接近世界各国国内生产总值总和的四倍。金融衍生工具——一种针对金融资产的债权形式，现在的名义[票面]价值是世界各国国内生产总值总和的十倍以上。”[1]

虽然有人可能不认同莫里斯提供的数字，但他却说明了漂浮在“实物”上部的金融大气层。有些金融大气层有利于下面的“实体”经济呼吸和繁荣。但层次过多就会引发问题，因为杠杆式投机的每一层都对实体经济拥有所有权。正当大多数评论家在2007年认为经济能够很轻松地度过房地产市场低迷之时，莫里斯却预测，我们将损失至少价值1万亿美元的金融资产。他还少算了数万亿……或更多。

所以，怎样才能在虚幻的金融大气层让我们窒息之前削减掉其中过多的部分?

首先，我们需要仔细观察构成金融大气的资本都有哪些。这些额外的“虚幻金融”云层有可能是狡诈的衍生产品经销商们搞的鬼，但它们的存在肯定是出于某种原因。金融机构制作衍生金融产品的目的是解决投资者的问题（当然，还有收取费用）。有时，衍生产品可以帮助投资者避开税收法律和其他法规。有时，这些产品可以让一家公司（如安然或世通等）虚报收入。然而大多数情况下，它们的出现是为了给投资者带来更高的回报，给衍生产品交易商带来更多的费用。

尽管被虚幻的金融工程极力放大，但那些云层肯定来自某个地方。这部分资本的主要源头在哪里?左派经济学家以及主流经济学家似乎都认为，我们目前虚幻的金融云层被全球寻求更高回报的剩余资本胀大了。

但所有的剩余资本从何而来?这是理解我们目前危机的关键，并将我们带回到第二章的开始部分。随着20世纪70年代中期政府开始放松经济管制，以及后来里根政府的减税政策和进一步放松管制，社会财富开始流入一少部分最富有的群体手中。劳动法的削弱和对工会的攻击致使劳动阶层争取涨工资（获得生产力提高后应

---

〔1〕查尔斯·R. 莫里斯，《万亿美元大窟窿：贷款宽松、消费无度和信用大崩溃》，纽约：公共事务，2008，p.xii。

得的公平份额）的要求变得越来越困难。这些趋势在苏联解体和资本主义全球化站稳脚跟后得到了加强。铁幕时代的结束开辟了新的市场，并为全球生产企业贡献了大批廉价劳动力。中国和印度等新兴经济体也为世界经济提供了更廉价的劳动力和更广阔的新市场。不断壮大的全球劳动力市场对美国工人的工资施加了巨大的下行压力，与此同时，生产率和利润迅速提高。世界各地都出现利润过剩的现象。由于剩余资本的供应量非常巨大，而常规金融工具的回报率则显得相对较低。那些手中握有大量全球剩余资本的富人们急于寻找回报更高的投资。但他们属于能够接受的风险级别的“实体”经济投资已经用光了。

我们可以将这比喻为，他们无法在“实体”经济的地球表面找到能够获得超高回报的投资机会。而虚幻的金融云层为这部分投资提供了一个新的、更有吸引力的去处……暂时性的。毫无疑问，各式各样的债务抵押债券开始问世，然后被来自世界各地的机构和投资者以各种方式哄抢。出售信用违约掉期是为了进一步保护持有危险证券的投资者。而这一切反过来又创造了越来越多的杠杆式金融大气层——越来越多的虚幻的金融云层被无法在陆地上找到足够诱人的投资机会的资金催胀。

正如我们在第二章中所看到的，美国工人的实际工资自 20 世纪 70 年代中期开始停滞甚至下降。然而，生产力仍在持续上升。这两种趋势开始逐步脱节，这在历史上尚属首次。美国的劳动者不仅需要面对来自世界各地的更廉价劳动力的竞争，他们参加工会的水平也降至历史地位。利润增加为投资者阶层带来了万贯家财。减税政策又促使更多资金流入上层群体的口袋。但与此同时，劳动者却为了保持其消费水平身陷债务泥沼。

消费者的这部分债务来自何处？大部分来自于虚幻的金融。世界各地的投资者阶层攫取的剩余资本通过复杂的衍生产品引入了看似安全和诱人的新型证券。实际上，这些过剩资本中的一部分已经通过债务抵押债券被高风险的抵押贷款和消费者债务重新利用了。但事实证明，这其中的风险并没有被消除。

因此，我们当前的危机并不是真的只是这里出现了一个房地产泡沫或那里出现了一个互联网泡沫的问题。这是关于一个长期存在的虚幻的金融泡沫问题——剩余资本和衍生工具创造的杠杆式投机云层过多。如果这种观点正确（甚至大型投资者乔治·索罗斯看似也认同）[1]，那么改革的长期目标必须是阻止虚幻的金融云层继续扩大。我们需要控制金融界制造越来越多的杠杆式投机的行为——越来越多的金融大气终会有一日变得不稳定，并威胁实体经济。更重要的是，我们需要找到办法，让剩余资本回归实体经济。

我们该怎样减少虚幻金融大气中多余的云层？政府监管肯定有效，就像它们曾在大萧条期间和布雷顿森林体系瓦解前所起的作用一样。但在极其复杂的全球经济形式下，我们还需要额外的手段来防止虚幻的金融泡沫的产生。对此，我们提出了下面几点框架意见：

- 转移华尔街虚幻经济的资金并将其投入生产性实体经济投资（第十章讲述）；
- 没收高收入阶层的财富并将其分配给中下层劳动者（第十一章）。

这与我们过去 30 年所做的正好相反。

〔1〕见乔治·索罗斯在众议院监督和政府改革委员会上的证词，2008 年 11 月 13 日，www.c-spanarchives.org/library/index.php?main_page=product_video_info&products_id=282391-2。索罗斯明确表示，他认为这个问题是正常金融市场固有的，且它源自于杠杆式投机的无节制增加。

第十章

华尔街并不乐见的提议

历史是一位残酷的老师，特别是在我们不受教时。美索不达米亚的统治者们严格地管理钱生钱的方式，以避免社会混乱。犹太法律规定定期减免债务（“禧年”）也有其原因。《古兰经》和天主教教会禁止重利盘剥，以防止出现金融奴役。即使您不接受马克思那可怕的预言，但我们经历过的很多繁荣和萧条可能也会让您对不受约束的金融市场抱有戒心。大萧条的惨痛经历曾迫使我们严格把控高级金融。但到了1980年，人们在贪婪驱使下开始遗忘，并让社会精英们开始在放松管制的环境中进行另一场灾难性的实验。现在，钱生钱的诱惑再一次让我们屈服。我们祖先崇拜的神祇肯定会嘲笑我们的愚蠢。

历史还告诉我们，金融不只是一个经济部门。它是将各个部门联系在一起的纽带。有时，它更像是一个赌场，只是所下的赌注是别人的钱——因此不可避免地破坏其他人的生活。人们一直认为最大的那些金融机构太庞大、太集中，因此不可能倒。由于他们所掌握的财富及在经济中的结构性地位，因此他们对公共政策的制定有着巨大的影响。在指出其再次当选总统和“一帮该死的债券交易员”间存在的可能关联时，克林顿总统只有一半是开玩笑，而另一半说得则是事实。

这不是银行家们的阴谋，而是其结构性的地位所致。只要政府允许金融机构在世界各地随意调配巨额财富，那么这些市场就将主导经济的发展。只要金融业的薪酬达到数百万甚至数十亿美元，那么金融赌场的规则无疑会被掌握在华尔街手里。只要我们将必要的经济金融职能与投机性赌场结合在一起，那么金融体系迟早会崩溃。

除非您是瑞普·凡·温克尔（Rip Van Winkle）（译者注：美国作家华盛顿·欧文一则故事中的主人公，他在山中一觉睡了20年，醒来后发现一切已经面目全非。后来比喻时代的落伍者），否则您肯定已经知道，联邦政府已经在2008年秋季向各金融机构“贷款”1万多亿美元（有人说，到2009年2月，如果将房利美、房地美、美国国际集团、贝尔斯通和花旗银行涵盖在内，那么总额已经高达2万亿美元。而如果奥巴马政府能够成功移除银行的资产毒垃圾，那么这一数字可能将飙升至3万亿或4万亿美元）。为什么政府如此慷慨？因为如果主要金融机构逼近破产边缘并停止彼此之间和向其他人贷款，那么经济就将崩溃。这种情况的出现是因为这些机构所创造的、并通过其疯狂获利的不受监管的金融工具，到头来只是些毒垃圾，几乎不具市场价值。

我们掉回头来，冷静、努力地看一看。在2008年至2009年间，至少有1万亿美元在没有经过公开辩论的情况下，被交给了大银行家。这是在让身为纳税人的我们和我们的子孙为此买单。眨眼之间，当代和子孙后代的财富便被移交给了世界上最大的金融机构。这很可能是自非裔美国人开始建造美国南部以来最大的一次财富转移。我们不得不合作，因为金融市场在用枪抵着我们的脑袋：如果没有救助，那么就没有贷款；没有贷款，国家经济就将崩溃。

也许有一天我们会把那笔钱拿回来，但也许我们不会。如果我们走运，资本注入将阻止另一次大萧条的出现，我们希望这笔钱花的值。也许有一天，我们甚至有可能从政府现在持有的银行认股权证中小赚一笔。不过所有这一切都纯属猜测。就像以往一样，我们掷出了骰子，输赢由它来定。

如果您正在寻找一个可以稳赢的赌局，这里就有一个：劳动阶层将遭殃，因为华尔街创造的衍生产品肆无忌惮地蔓延。即使于2009年2月通过的7870亿美元的经济刺激一揽子计划效果显著，还是会有数百万的工薪阶层将面临长期失业以及各州和地方服务水平下降的问题。

虚幻金融的危机所附带的破坏力不用猜也能确定。截至2009年3月，国内的失业率已经跃升至8.5%，当月新增工人失业人数超过69万人，为37年来最多的一个月。外加前四个月的失业人数，共有330万人失业，创出了自1945年以来的新高。在过去的一年中，近530万人失业。劳动统计局还编制了“失业率”（称为U-6）表，其中包括通过那些正积极寻找工作的失业人员、没有积极寻找工作但表示希望找份工作的失业人士以及无法找到全职工作而不得不做兼职的人员。2009年3月的失业率为15.6%——这表示全国共有超过2300万人失业！而这一数字仍然在迅速攀升。

各州的预算都在缩减。预算和政策优先中心估计，到2011年，47个州的预算将出现赤字，总额超过3500亿美元。[1]以阿拉巴马州来说，该州的税收收入全线下滑，迫使政府削减公共教育开支。正如一所学校负责人所说的：“我们削减教学计划、推迟购买教材、扩大班级学生人数、削减类似艺术／音乐和体育等科目的教学安排，程度甚至比过去几年更严重。”[2]学校校长已经接到通知，如果屋顶漏水，先不用修补。在那些破旧的教室里上课的孩子们——全国共有数百万——正在为资产毒垃圾分担费用。

可是，仍有一些人在谈论需要“共同做出牺牲”。您看，“我们”的生活已经入不敷出了。从贪婪的高管到贪婪的信用卡债务人、贪婪的次级抵押贷款借款人以及期盼屋顶不漏水的贪心学童们，我们都难辞其咎。我们把自己的房屋净值信用额度当成了一台私人提

〔1〕艾丽斯·J.莱弗（Iris J. Lav）和伊丽莎白·麦克尼科尔（Elizabeth McNichol），“各州预算问题恶化”，预算和政策优先中心，2009年3月13日更新，www.cbpp.org/cms/?fa=view&id=711。

〔2〕亚当·诺斯特尔（Adam Nossiter），“阿拉巴马州税收收入减少，各学区倍感拮据”，《纽约时报》，2008年11月4日，www.nytimes.com/2008/11/05/us/05alabama.html。

款机。我们为了买车和纯平电视而债台高筑。现在是我们勒紧腰带的时候了……就在我们为金融部门捐助了 1 万亿美元之后。

《纽约时报》专栏作家大卫 · 布鲁克斯（David Brooks）写道，我们正在进入一个稀缺时代："年轻而聪明的自由主义者遇到冷冰冰的稀缺性问题，对此他们似乎无法识别或没有计划"[1]……就在我们为金融部门捐助了 1 万亿美元之后。

几乎所有的共和党国会议员都在指责奥巴马政府浪费社会财政支出。他们指出，我们已经负担不起学生奖学金之类的昂贵的自由主义梦想或向基础设施和绿色科技产业进行大规模投资。我们已经降低了我们的预期……就在我们为金融部门捐助了 1 万亿美元之后。

但如果要修复经济，我们是应该抑制消费，还是需要鼓励消费，从而刺激经济活动？约翰 · 梅纳德 · 凯恩斯将这称之为"节俭悖论"。如果我们多积攒、少消费（这是 2009 年初以来我们的做法），整个经济的总需求将下降，这意味着我们将推动经济进一步陷入衰退。虽然对于我们每个需要偿还债务的个人来说，这种做法合乎情理，但如果我们在经济下滑期间都这么做，那么我们将促使下滑加剧。因此，凯恩斯认为，政府必须采取措施大力刺激总需求——因为其他人都不会这么做。

奥巴马政府制定了 7870 亿美元的经济刺激计划，试图力挽处于颓势的经济。显而易见，如果打算从大萧条中汲取教训，那么我们就应该坚定不移。当新政计划在罗斯福第一任期内制定并开始奏效后，罗斯福开始在其第二任期内以财政自律为名限制联邦政府开支。此举导致经济在 1937–1938 年陷入第二波严重衰退。在经历了二战期间大规模的联邦支出后，我们才最终摆脱危机。保守派们认为，新政的作用不够大。它的作用的确远远不够。不过，当前上万亿美元的银行救助和经济刺激计划可能也远远不够。

---

[1] 大卫 · 布鲁克斯，"稀缺时代"，《纽约时报》，2008 年 11 月 3 日，www.nytimes.com/2008/11/04/opinion/04brooks.html。

* * * * *

现在，美国财政部金库的大门已经大开，公众有何需求？奥巴马政府希望依靠一套经济刺激计划，外加为银行和住房部门提供更多扶植，以“创造或保留”350万个就业岗位。此外，政府还制定了另一套雄心勃勃的预算计划，以增加向能源、教育和医疗保健领域的投资。当然，政府还将出台一系列新的金融法规，试着通过在受监管的交易所进行公开交易的方式提高衍生产品市场的透明度。政府还将把对冲基金置于监管控制之下，严格管理鼓励宽松的贷款标准的抵押贷款公司。政府甚至还要求接受联邦资助的机构对管理人员的薪资进行一定程度的缩减。此外，它还力促信用评级机构进行改革，以便他们的工作能够完全独立于被评估对象之外。

毫无疑问，这些改革措施都能够起到一定的效果。但历史给我们的教训是，这些措施不足以保证我们能够免遭赌场之害。金融业很可能在进行了一番自我修复后，再次主导我们的经济。金融机构太大、太重要，所以不能倒的情况依然存在。

我们需要做的是越过监管，将工作的重心从虚幻的金融转向人类的需求——转到向基础设施、可再生能源、科学、医疗保健和教育的真正投资上来。

与新政时期相比，金融界的形势已经变得更加复杂，难以估量。声称我们了解世界上相互交织的庞大的金融纽带纯属狂妄自大。金融业的规模、变化速度和复杂性将使得预测监管改革如何发挥作用变得极其困难（也许是不可能的）。没有人真正知道如何防止唯利是图者利用监管漏洞创造新的金融赌场，并在那里与我们的资源再次进行博弈。只要财务激励存在，聪明的金融工程创新者会想方设法进行投机。他们很可能制造出新的金融产品，破坏规则制定者良好的初衷。

此外，监管改革只能解决问题的表象，而没有涉及问题的主要根源。金融衍生工具无法发挥其魔力的前提是，不存在寻找投资机会的剩余资本。因此，除非我们重新对资本进行定向，否则我们将永远无法管理虚幻的金融赌场。

所以，当面对这些重大的不确定性时，我们能做什么？对于初学者来说，我们可以向金融部门学习：我们可以对冲风险。我们应当制定一份坚如磐石的保险契约来保护我们不受虚幻金融及其引发金融危机倾向的影响。

非常时期需要采取非常手段。银行家和工业巨头为自己找到了大胆的生存策略。打劫国家金库！我们也应该采取相同的策略。可以肯定的是，财政部的金库也应该对稳健的公共投资敞开大门。但我们不能只占领我们自己的金库，我们还应该打劫虚幻金融的金库。我们需要赌一把，就从现在开始。

金融灾难保险

我们需要金融界的那些大人物们给我们以保护。我们需要一份集体保险来防范危机。因此，政府将代表我们这些纳税人立即向金融部门的每个机构收取保险费。他们所支付的保费应当包括目前对国库的洗劫以及虚幻金融引发的经济衰退两部分。它还有助于补偿我们未来遭受金融海啸的损失。除非我们能够完全消除私人金融市场，否则这种繁荣——萧条的轮换将永无止境。的确，我们可以通过明智的法规和消费者保护来减轻其危害。但没有人能够向我们保证，不会再出现另一次大萧条。因此，我们应该需要一笔保险费来防范未来可能出现的金融灾难——共同防范最坏的情况出现。我们自己需要一份针对整个金融部门的信用违约掉期合约。

占领赌场金库最好的办法是掌控所有的金融交易。我们所说的赌场活动量有多少？历史学家尼尔·弗格森（Niall Ferguson）的数据显示："外汇市场中，每天有 2 万亿美元换手。全球股市中，每月有 7 万亿美元换手。"他还计算出约有价值 3 万亿美元的债务抵押债券，而信用违约掉期的估值“接近 600 万亿美元”。[1] 根据我自己粗略的计算，我估计全球赌场每年的交易量约为 900 万亿美元（上下有几百万亿美元的差距）。如果我们按照每笔交易面值征收 3 个基点的保险费（0.03%），那么我们每年大约可以收到 2.7 万亿美元（译者注：0.27 万亿美元）。我推测美国每年的份额至少在 5000 亿美元左右。[2] 当然，我们必须小心，不要给予任何一种交易特权：它只会邀请我们的金融奇才在那种特权活动上创造出新的金融工具。

您想进行货币投机吗？您想不停地参与市场交易吗？您想买卖信用违约掉期和债务抵押债券吗？那就去吧。不过您需要就每一笔交易向公众支付保险费。原因何在？因为历史已经告诉我们，当您所从事的活动到达了某个临界点时，就会引发下一次金融萧条，届时，我们将不可避免地蒙受损失，并收拾残局。

但这不会引发更多的道德风险吗，因为金融界知道危机来临时将被救助？首先，我们收到的保险费不应当用于这种救助。它们的用途是帮助我们重建金融风暴后的经济。在我说我们需要“金融灾难保险”的时候，我并不是说金融业交纳的保险费是为他们自己投保，而是说要用他们交纳的保险费保护公众免受他们的危害，因为金融业是潜在的危害源头。这就像是一份医疗事故保险：如果医生和医院给病人造成伤害，那么他们需要支付医疗事故保险，以偿付这位病人的看病成本。

由于金融部门所起的作用非常关键，因此当它出现故障时，整个经济将蒙受损失。我们需要收入来帮助我们度过经济崩溃的难关，因为还没有人想到应该如何处理私人资本市场，以及消除繁荣和萧条的轮回。

但这笔资金能够消除破产的银行和具有重要系统性地位的金融

〔1〕尼尔·弗格森，《金钱的崛起——世界金融史》，纽约：Penguin 出版社，2008 年，第 4—5 页。

〔2〕迪恩·贝克，《掠夺与错误：泡沫经济的兴起和破灭》，加莱福尼亚州索萨利托：Poli Point Press，2009 年，第 131 页。作者估算，“针对信用违约掉期期权买入和卖出的税赋可能是交易价值的 0.01%……这样一来，每年能够很轻松地收取 1500 亿美元。”

机构的救助需要吗？不能，但它或许能够通过消耗金融市场剩余资本并将其投入实体经济的方式降低其频率。我们任何人都不能承诺，这次危机过后，我们的公款不会再被用来拯救金融系统。但在此期间，按照我们的金融灾难保险计划，我们会不断有收入进账，能够建造一个更强大的实体经济。

但这些费用的赚取是否取决于金融工具及其风险水平？不是。这种事无巨细的管理无异于自讨苦吃。因为确定风险状况已经很困难，更别说找出将之转化为费用结构的方法，那会更困难。但更重要的是，这种分化将正中衍生产品行业的下怀。聪明的数量分析专家和律师们肯定会耗费大量时间和精力制定出新的金融工具，从而将之归于交纳费用较低的类型，避开交纳更高费用的类型。

在美国，我将呼吁把这部分保险费——每年 5000 亿美元左右——直接用于其他非金融部门，如可再生能源、基础设施、医疗保健和教育等，这是一个社会最重要的、最真实的投资。再次声明，我们要求储备资金并非是为了救助金融业，而是要在实体经济再次遭受金融市场崩溃打击时（或早或晚），就像我们目前这样，我们可以支撑起实体经济。我们需要把资金从虚幻的金融赌场中取出并投入实体经济。

您可能会说，金融灾难保险其实就是一种税赋，不是吗？两者兼而有之。说它是一种税赋，是因为它与所有税赋一样，将资金从私人金融部门调配至公共财源。说它是一种保险，是因为通过政府集体行动，我们正在努力为自己投保一份经济损失保险，以防金融部门定期爆发严重危机。我们需要这种税赋／保险，因为没有人能够向我们保证，目前的灾难将很快结束，或另一次灾难不会在未来十年或二十年再度降临。没有人能够为我们提供真正的抵押品，以支持监管可以防止未来出现危机的说法。此时此刻，如果我们还认为我们能够通过监管或更多的消费者保护和支持阻止自由市场的泡沫，那就太天真了。忽略曾经的繁荣和萧条的历史就等于是参与制造了新一轮的泡沫思维、非理性繁荣和基于信仰的经济。法规永远都是不完善的。而金融奇才们是出了名的心思诡秘，他们肯定会发明一批新的衍生工具，以规避新法规——特别是在赌桌上有数十亿美元的筹码时。随着金融灾难保险的出台，他们将不得不在每次转动轮盘时付给我们一些筹码。保险费／税赋应当被视为金融机构在所得税——每个公民都应该交纳——之外，必须为自由的金融市场付出的代价。

这种办法行得通吗？金融市场（现在已经电子化）不会转移到不收保险费的地区吗？这是一个令人头痛的问题，需要大量的外交手段来解决。但这应该是值得的。如果世界上的经济强国——境外小岛在内——都能够加入全球保险计划，那么这项提议的效果最佳。金融市场将各国经济连接在一起。金融海啸的确能够波及全球。每个国家都会对保护自己免受虚幻金融的危害感兴趣。

这一观点的核心并非笔者原创。诺贝尔经济学奖获得者、耶鲁大学经济学家詹姆斯·托宾（James Tobin，1918—2002 年）曾提出了就国家间的货币转移征收 1% 的全球税的建议。他认为，这种税赋（被称为“托宾税”）将限制货币投机活动。货币投机可以动摇一个国家金融体系，并多次致使发展中国家陷入严重困境。他还希望通过全球税赋征集的资金将用于消除贫困。

这是不是一个很离谱的建议？一年以前，或许是。但现在离谱的事情屡见不鲜。有谁曾预料到需要政府出资 1 万亿美元救助金融机构？有谁曾预料到钟爱自由市场的布什政府会将九大银行和保险公司基本上国有化？金融混乱打破了金融赌场的大门。离谱的事情也许还包括让造成金融污染的污染源出钱清理有毒的荒地。

* * * * *

我们目前的救助是有史以来最大的一次。其社会效用非常可疑的“创新性”金融工具已经对世界各地的银行和企业造成了严重威胁。这些金融产品污染了全球金融体系，将基础经济置于风险之中。债务抵押债券和信用违约掉期毁掉了对其投资的社区——从挪威北部的纳尔维克小镇到威斯康星州的白鱼湾。如果有些企业出售的是致命的处方药，而不是有毒的金融工具，那我们希望有关当局勒令其关门停业。当然，我们更希望政府能够在这类产品被再次骗售给民众之前，制定严格的程序，控制这类药品的审批。

但是，当涉及金融产品的安全性时，我们却让市场自行监管。显然，艾伦·格林斯潘由衷地认为，金融机构控制自身风险符合其自身利益，否则投资者就会失去信心。他现在承认自己错了。主要衍生产品经销商竞相推出更多、毒性更大的产品，因为这些产品产生的费用是惊人的——一次名副其实的虚幻金融淘金热。

米尔顿·弗里德曼并不认为政府应该监管任何产品，包括药物，无论合法与否。他曾经说过，食品药品监督管理局“给美国公众的健康造成了极大损害，因为它大大提高了药物的研究成本，从而减少了新型药物和特效药物的供应，同时由于该部门复杂的审批过程而导致此类药物的批准延迟。”[1]

然而，我们大多数人都知道，我们需要政府来保护我们免受危险产品——被那些唯利是图的食品和药品公司匆忙推向市场——之害。在当今的世界上，个人根本不可能研究和验证推销员所做的各种保证。这实际上是一种有助于治疗癌症的化疗药物，还是一些被装进点滴袋的有毒废物？（其实我们最担心的是食品药品监督管理局的保护力度不够，因为它也受到被其管制的企业的影响）。既然如此，为何政府不能保护我们免遭潜在的资产毒垃圾的危害？

在威斯康星州五个学区因为购买了合成型债务抵押债券而蒙受超过 1.5 亿美元的损失后，他们应该得到哪种保护？如果这其中不存在欺诈行为，那么米尔顿·弗里德曼会说：“买方应该谨慎。”相关负责人都是成年人，他们应该知道自己在做什么。说实话，他们并非没有错。毫无疑问，他们是被那些衍生产品的高额回报率吸

〔1〕丹尼尔·B. 克莱因（Daniel B. Klein），“反对 FDA 的经济学家们”，美国独立研究院，2000 年 9 月 1 日，援引德克·皮尔森（Durk Pearson）和桑迪·肖（Sandy Shaw），“知情选择的自由：FDA 对营养补充剂”，新泽西州尼普顿：Common Sense Press，1993 年，第 39 页，www.independent.org/publications/article.asp?id=279。

引住了，但他们应该知道，高回报率意味着高风险。但当全国顶尖的金融大师们，如伯南克、格林斯潘和索罗斯等，都称这些金融工具“特殊和晦涩难懂”时，您就不要指望学校领导们对此能够了解多少。就威斯康星州来说，可能无论是当地的经纪人还是最博学的学校领导都不知道合成型债务抵押债券如何运作，且实际风险有多大。该地区是否有哪位财务顾问真正能了解，这都很值得怀疑。他们需要政府保护，以免遭“合理”建议的蒙蔽。而当您意识到美国国际集团购买了价值十亿美元、与威斯康星州学区同样的合成型债务抵押债券时，情况就变得清晰，那就是我们每个人都需要保护。

难道不是吗？全国公共广播电台播出了一段令人不安的采访，受访者是曾经帮助白鱼湾披露事实真相的记者。当被问及“在这个故事中是否真的有个坏人”时，全国公共广播电台的亚当·戴维森（Adam Davidson）得到了一个批判致使公共财政遭受重大损失的债务抵押债券和其他有毒衍生产品的绝佳机会。但他却说：

> 这又是一个悲剧。在过去的三十多年中，市场中出现了一系列本质良好的金融创新。它们让市政府和地方政府能够以更便宜的价格获得资金，这意味着我们可以建造更多医院、更多学校和更好的污水管道，您知道这都是些基本的公共服务，不过这整个系统可能将被这场危机永久性地破坏。这意味着，在可预见的未来，美国的公共服务将大规模减少。[1]

听到他的评论，我惊呆了。这些“本质良好”的金融创新是什么？当然不是已经毁了威斯康星州五个学区的合成型债务抵押债券。在他的故事中提到的其他创新，例如由 Depfa（一家已经破产的爱尔兰银行，该银行曾向威斯康星州和许多其他城市贷款）支持的“可

---

〔1〕亚当·戴维森（Adam Davidson），“威斯康星州学校的投资具有全球性影响”，Weekend Edition Sunday，2008 年 11 月 2 日，www.npr.org/templates/story/story.php?storyId=96414824。

变利率市政债券”的情况也已经恶化。[1] 但这些有益的“创新”如何能在一定时间内创造所需的收入并降低成本，而在其他时间又削弱市级财政，使之在几年之后才能复苏？无论从哪个角度来说，那都是投机，而不是审慎的市政融资。

这些“本质良好”的融资工具从一开始就是一种风险。它们被唯利是图的金融机构出售，好像它们的风险极小。但事实并非如此。这些公共机构能够以较低的成本筹集资金（一段时间），而正是因为这些，风险才深藏不露。当经济景气时，这些公共机构能够在赌场上赢几把，可以建造“更多医院、更多学校和更好的污水管道”。然后，当真正的风险出现时，这些学区和市政府便损失了甚至连他们自己都不知道已经押下的赌注。拜同样“本质良好”的金融创新所赐，现在这些市政府和其他投资者能够建造的医院和学校很少，而污水管道也只能任其腐坏。

如果让这些产品出庭受审，它们一定会被判“在制作上有罪”。它们无权在公共财政附近出没。奥兰治县的破产应该早在十年前就告诉了我们这一点。但销售人员、投资机构和银行在推销风险产品的过程中收取了巨额费用。这些衍生产品团伙尽情享受这美味的公共机构资金，像抱着蜜罐的熊一样。

我们确实应该担心，如果时至今日，全国公共广播电台最出色的一位记者在对这一事件进行了长达数个月的调查后，仍然为债务抵押债券等资产毒垃圾的奇迹进行辩护。还有很多理由可以说明，我们需要在这些危险产品对全球经济造成更大危害之前终结它们。[2]

---

〔1〕“可变利率市政债券”等同于市政府的可调抵押贷款——公共机构必须支付的利率有所不同，在某些情况下，按天计算。在低利率时期，公共机构可以节省资金。但利率可能会迅速上升。此外，这些债券取决于那些在承保债务抵押债券和其他有毒债务上损失数十亿美元的公司所提供的保险。当保险公司被降级时，可变利率市政债券的利率飙升，致使公共机构耗费数十亿美元。见阿纳斯塔西娅·约翰逊（Anastasija Johnson）的“债券保险公司的问题祸及可变利率市政债券”，路透社，2008年1月24日，www.reuters.com/article/companyNews/idUSN2423063820080124。

〔2〕这是一个尤为严重的规划问题。然而，很难找到任何证据证明，就整体而言，这些金融工具有助于公众利益。希望更为谨慎的学者们能够研究出一套客观的方法来评估它们。

金融产品安全委员会

相信您一定同意，假如这些有问题的金融产品是处方药，那么我们会要求它们在投入市场之前进行仔细的测试。既然如此，为何不组建一个国际机构，负责在金融创新被出售给世界各地的不知情的买家前进行审批和验证呢？

迫使这些衍生产品经过类似食品药品监督管理局的产品审批过程能否有用？这一点很难确定。这种方式是可行的——如果一种特殊衍生工具涉及的价值数额较小，那么就可以放心买卖。而系统性风险只有在全球流通的资金达到数千亿美元时才会出现。但是不论在何种情况下，公共机构能够将这些衍生产品作为正当的投资方式吗？而实际情况可能是，我们应该限制这些新投资的市场，如此一来公共基金、养老基金和捐赠就不能进行这方面的投资。在某些情况下，整个衍生产品家族都应该被限制，以防止系统性风险。不过这一切都不容易做到。

但是现在正是尝试的时机。金融市场混乱不堪，经济急转直下，银行、保险公司，甚至对冲基金都身处险境。人们正在失去工作，收入下降，国家和地方财政收入锐减。我们应该在金融产品的破坏加剧前，仔细审视这些产品。

我们还有一些高级盟友。亿万富翁乔治·索罗斯在 2008 年 11 月 13 日的众议院监督和政府改革委员会上指出，奥巴马政府的当务之急是应该确保新的金融工程产品经由监管机构批准。他认为："金融工程也必须加以规范，新产品必须进行注册并在使用前获得有关当局的批准。"[1]

然而，这些建议都面临着严重的阻碍。作为一种新生事物来说，这些建议需要国际合作。再有就是如何找到并留住能够理解——更不用说评估——这些创新的监管人才的问题。索罗斯提出了一个有

〔1〕"乔治·索罗斯在美国众议院监督和政府改革委员会上的声明"，2008 年 11 月 13 日，第 10 页，http://oversight.house.gov/documents/20081113120114.pdf。

趣的建议：如果监管人员认为衍生产品太晦涩、太难理解的话，那就应该禁止这些产品的使用。这个主意不错。但是，我们也需要做些什么来改变通向华尔街的高薪旋转门——它决定了监管人员的职业生涯。此外，如果我们希望建设一个更为健康的经济和社会，我们的薪资制度需要缩小行业收入差距。

第十一章

华尔街真正痛恨的提议

谁是虚幻金融赌场的大赢家？是美国那部分最富有的人。据资料统计，1982 年，排名前 400 位的富人人均财富净值达 6.04 亿美元（以 2008 年美元计算）。到了 1995 年，他们的平均财富跃升至 17 亿美元。而 2008 年，这一数字骤增至 39 亿美元。[1] 想像一下，您搭乘里尔喷气机降落在私人跑道上，您走下飞机被人一路护送至一间镀金的游戏室。您和其他 399 位亿万富翁端着美酒坐进赌桌旁的真皮座椅中。在每个人面前都有一堆筹码——平均每人 3900 个，每个筹码价值 100 万美元！这 400 堆筹码加起来的总价值高达 1.56 万亿美元，相当于美国国内生产总值的 10%。

虚幻的金融于您有何益处？[2]

今年您感到异常兴奋，因为排名前 25 位的对冲基金经理来到了赌场。2008 年，我们经历了股市崩溃，养老基金、401k 养老计划巨亏，学院捐赠骤减，数百万的工人失业，以及自 20 世纪 30 年代以来最严重的经济衰退。而就在此时，这 25 位对冲基金经理却

---

〔1〕“福布斯 400 富豪榜”，《福布斯》十月刊，1982—2008 年。

〔2〕并非所有这些亿万富翁们的财富都源自于金融部门。比尔·盖茨（Bill Gates）、迈克尔·布隆伯格（Michael Bloomberg）及其他一些人的财富来自于其一手创立的公司的股票升值。但 400 强中的许多人都与金融部门关系密切。此外，股权提高和金融繁荣也发挥了重要作用。

拿到了116亿美元的薪酬。当这些贵宾步入赌场时，您也加入了为其鼓掌的阵营。[1]

但就在赌场的窗口，如果您有勇气回头看一看，就会发现共有9460万非管理层员工，他们的收入不到1973年的平均水平（工人工资）。另外还有大约4400万美国人没有医疗保险。那些筹码可以让他们受益——如果赌场中的亿万富翁们离开时，每人“只”带走1亿美元，那么就会有1.52万亿美元留下来。如果这些筹码能够投入公共财政，比如以大幅度的累进所得税和财产税的方式，我们每年可以投入1500亿美元开发和部署可再生能源替代品——这一数字是奥巴马总统在其竞选大纲中提出的10倍之多。或者我们可以永久性地免除每一位就读于任何一所公立学院和大学的学生的学费。

然而，我们美国人对资金再分配的问题并不乐见。正如奥巴马总统所说：“这是美国。我们不贬低财富。我们不妒忌任何人取得成功。”[2]事实上，我们相信机会平等，也相信收入不平等。几乎所有人都认为，那些拥有天赋、努力学习和工作的人应该比那些没有天赋、不努力学习和工作的人挣得多。我们钦佩在各个领域中获得成功的人士。我们或多或少地同意，有钱是件好事。我们大部分人也想成为有钱人。但我们心中也存有一种公平意识。当超级富豪和我们普通民众之间的差距越来越大时，我们开始担心，尤其是当我们大部分人的收入原地踏步时。还有就是对那些身为CEO的亿万富翁们心存不满，这些人的收入是他下面员工平均收入的1000倍以上，但相比之下，他们并没有更聪明1000倍、好学1000倍或努力工作1000倍。换句话说，我们今天见到的美国社会中存在的不平等程度也可能与个人成绩无关。而这很大程度上，是因为那些

---

〔1〕路易丝的故事，“顶级对冲基金经理人灾年获利丰厚”，《纽约时报》，3月25日，www.nytimes.com/2009/03/25/business/25hedge.html。

〔2〕“奥巴马总统炮轰高管薪酬”，《纽约时报》，2009年2月4日，www.nytimes.com/2009/02/04/us/politics/04text-obama.html。

人在与赌场的博弈中选对了时间和位置。

超级富豪们积累的财富越多，他们就越有资本去游说政府降低资本收益税、继承税和最高收入所得税。2008 年，通过不良资产救助计划（TARP）接受政府救助的企业共支出 7700 万美元用于游说，另有 3700 万美元用于竞选捐款。根据无党派机构响应政治中心的数据，他们那笔投资的回报率是 258449%。[1] 没有这些精英的财政支持，任何人都很难当选任何职位。事实上，当选的最佳途径是成为其中的一份子。

我们也担心，超级富豪正在切断他们与我们普通民众的社会联系。他们开始远离我们生活的社区（就算是在附近，那也是在高墙、围栏和大门内的另一方天地中）。他们的孩子不去我们的学校。他们不会乘坐公共汽车和火车，他们也不再与我们一起排队在机场等候飞机。他们不需要为我们看病的医生或到我们的医院就诊。因此，他们不用向我们一样忍受拥挤的公共设施和濒于崩溃的基础设施。他们知道我们真实的生活境况吗？

在 2008 年 12 月通用汽车收到政府救助后，通用汽车公司副总裁鲍勃 · 鲁茨（Bob Lutz）遭受了强大的文化冲击。他发现自己所处的美国是一块陌生的土地。不过，他不得不入乡随俗。

> 在大规模减薪、取消奖金、禁止下榻高级酒店、没有公司专机接送开始之前，我从来没有遇到过现在这种情况。我不得不在西北航空的售票柜台前排队。我以前从来没有这种经历。我会让你知道从现在开始的一年将是什么样子的。[2]

统计数据证实了我们对于富人已经甩开普通民众的判断。图表

[1] “不良资产救助计划受助人去年耗资 1.14 亿美元用于政治活动”，响应政治中心，新闻中心，2009 年 2 月 4 日，www.opensecrets.org/news/2009/02/tarp-recipients-paid-out-114-m.html。

[2] 罗伯特 · 西格尔（Robert Siegel），“通用汽车在车展上寻求突破”，NPR ATC 新闻节目，2009 年 1 月 12 日，www.npr.org/templates/story/story.php?storyId=99253055。

9说明，1970年，排名前100位的CEO的平均薪酬和工人的平均工资之间的差距是45∶1（296170美元—6542美元），反映出新政财务控制和观念的限制依然存在。随着这些控制逐步减弱，收入差距上升至1980年的127∶1。随着里根时代放松管制、减税和打击工会等措施的推行，这一差距在1990年上升至321∶1。到了2000年，受益于由虚幻金融催生的“金融创新”，CEO的收入与平均工人工资的比例蹿升至1510∶1。而到了2006年——虚幻金融泡沫的鼎盛时期，这一比例达到了1723∶1（50877450美元—29529美元）。

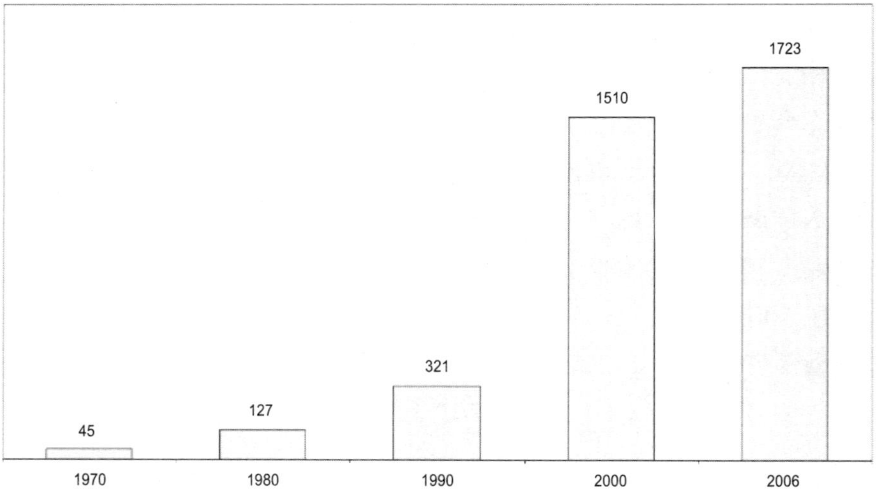

图表9　**美国前100名CEO薪酬与工人平均年收入比率**

来源：CEO薪酬数据来源于《福布斯》“CEO薪酬调查”，4月或5月刊，1971-2008年，工人的收入数据来自于劳动统计局。

在工资差距上，我们走在世界前列。下面可以看看美国在2000年的世界排名（图表10）。

日本	10
德国	11
瑞士	11
瑞典	14
新西兰	16
法国	16
西班牙	18
比利时	19
意大利	19
加拿大	21
澳大利亚	22
荷兰	22
英国	25
中国香港	38
墨西哥	45
阿根廷	48
南非	51
美国	365

图表 10　**2000 年 CEO 薪酬与雇员平均薪酬比例**

来源：迈克尔·亨尼根（Michael Hennigan），“赢家通吃社会中的高管薪酬与不平等”，Finfacts Ireland，2005 年 8 月 7 日。

当然，并非所有薪资过高的 CEO 都来自于金融部门，但金融机构为其他部门做了榜样。他们以极高的薪资从其他收入不太丰厚的领域挖走了一批最聪明的人才，其中涉及科学和医学领域或人文学科。历史学家尼尔·弗格森这样写道：

在 1970 年我于哈佛大学任教时，只有 5% 的哈佛毕业生投身金融业。到了 1990 年，这一数字已经上升到 15%。去年这一比例升得更高。据《哈佛大学学生报》（Harvard Crimson）统计，2007 年，约有 20% 的男学生和 10% 的女学生希望他们的第一份工作是在银行任职。谁又能责怪他们呢？近年来，与在其他经济领域供职的常春藤学校毕业生相比，金融部门薪酬已经高出近两倍。[1]

在您能够凭借建造虚幻金融模型赚到的财富成为宇宙的主宰时，为什么还要研究宇宙大爆炸？如果您希望担任文学教师，为什么不等到您发财和退休之后？

我们怎么会让这么多的财富流入一小部分人手中？

* * * * *

如果您开始担心这种荒谬的工资差距，那么现在或许正是进行改革的最佳时机——先从金融部门开始。但首先我们需要了解的是，为何金融部门的员工收入比我们其他人高得多。这些银行家和衍生工具交易员一年的收入比我们普通人一生赚的都多，他们真值那么多吗？是不是才智、经验、技能和创业能力的结合有什么特殊之处，所以才让他们拿到了丰厚的薪酬？

如果您仔细听银行家、金融家和电视财经评论员的讲话，就会发现“聪明”这个词出现的频率非常高。这一切都和与最聪明的人打交道有关。如果您能够认识某位聪明人士，这就意味着您肯定也很聪明。但衡量金融智商的唯一标尺是您创造了多少价值。如果您真的非常聪明，那么您的收入就会很高。而如果您收入很高，那么就表示您肯定很聪明（如果您不同意这种逻辑，显而易见，您没有聪明到赚取更多收入的地步）。

才智被纳入人力资本理论，这个理论告诉我们，我们对自己投入得越多——积蓄我们的人力资本——我们就应该能够从市场中赚取更多的财富。例如，您上的学越多，您越有可能在今后的日子里赚更多。已有研究证实，只有中学毕业的群体和那些完成四年大学本科或以上

〔1〕尼尔·弗格森，《金钱的崛起——世界金融史》，纽约：企鹅出版社，2008年，第5页。

学业的群体的收入差距相当大，而且这种现象一直存在。但是这并不能解释为何一位银行家的收入是一位脑外科医生收入的 10 倍以上。

罗伯特 · 弗兰克（Robert Frank）和菲利普 · 库克（Philip Cook）在其《赢家通吃的社会》一书中指出，在我们的全球市场中，为最上层的雇员支付高出下面一层雇员许多的薪酬是非常划算的。他们指出，在一个赢家通吃的市场中，“高工资通常与需要承担大量评测员工工作的岗位挂钩。身处这些岗位，任何细微的行动差别都可能致使投机行动的盈利能力大大改变。”[1] 如果您将这个想法运用到金融部门，随着交易金额和数量的迅速增加，“在这种环境下，任何一位销售人员的技能突然被赋予了更大的力量，因此对于投资机构来说，那位具有非凡的才华和高超的客户说服力的销售人员每年就值数百万美元的报酬。”[2]

我的一位高级金融足球老兄曾表示，他认为这与规模庞大的产业有关。正如他所说：“世界上的资金在纽约和其他几个金融中心之间流动。交易、贸易和销售的规模是巨大的。即使费率非常低——比如 3 个基点（0.03% ），那么 1000 亿美元的交易——也能够为公司和银行家们赚取 3000 万美元。”

在最近发表的一篇国家经济研究局报告中，托马斯 · 菲利普斯和阿里尔 · 雷谢夫教授运用统计测试分析了各种旨在探讨为何金融部门员工的收入高出其他部门员工一大块的理论。他们发现，无论是现代科技、教育还是华尔街失业风险较高等因素都不能解释这种差距。因此，他们得出的结论是“付给金融家们的报酬过高”。[3]

甚至连坦诚的银行家都会告诉您这一点。但这么做的原因何在？

---

〔1〕罗伯特·H. 弗兰克和菲利普·J. 库克，《赢家通吃的社会》，纽约：企鹅出版社，1995 年，第 90 页。

〔2〕同上，第 94 页。

〔3〕托马斯·菲利普斯和阿里尔·雷谢夫，“美国金融业的工资和人力资本：1909—2006 年”，国家经济研究局工作报告第 14644 号，2009 年 1 月，国家经济研究局计划，第 30 页，http://pages.stern.nyu.edu/~tphilipp/papers/pr_rev15.pdf。

保罗·克鲁格曼（Paul Krugman）认为，这与社会和政治力量，特别是工会组织有关。他认为："25 年前，我们的社会受到舆论、强大的工会力量和共同意识的制约，有些事情你不能做。而这可能促使公司决定考虑在"让我们员工快乐、士气高昂与找一位超级明星 CEO 并尽力榨取工人价值"之间找到一种折中方案。"[1]

克鲁格曼是对的，但有一个关键因素：虚幻金融。当您创建、交易并倾销它时，您的收益就变得难以置信——毫不夸张地说。当您能够从有史以来最大的赌场游戏中捞一笔时，您的收获将是巨大的。正如经济学家罗伯特·赖克（Robert Reich）所说的：

> 没有理由相信华尔街的高管们比真实的、非金融部门的高管们更聪明。他们获得的收入更多是因为他们更善于制作看似创造了价值、实则将投资者蒙在鼓里的计划。[2]

* * * * *

总统薪酬为上限

我们真的能够改变这种现象吗？这肯定不会很容易。我们目前可能已经到了富人能够成功控制公共政策，以便击退任何试图缩小工资差距的重要努力的地步。但公众的愤怒与日俱增，所以现在是进行尝试的最佳时机。"这些机构的薪酬不得超过美国总统的薪酬"这个办法如何？

我在 2008 年 10 月提出这个想法。然后，事情一件接一件在我面前上演。华尔街在三个月内共为自己发放了 184 亿美元的奖金。

---

〔1〕保罗·克鲁格曼，"政策、政治和平等"，经济政策研究所讲话文稿，2007 年 2 月 22 日，www.epi.org/publications/entry/webfeatures_viewpoints_politics_policy_inequality。

〔2〕罗伯特·赖克，"为何金融部门 CEO 的薪酬比实体经济部门 CEO 的薪酬高出很多"Marketpalce，2007 年 10 月 31 日，www.robertreich.org/reich/20071031.asp。

虽然这些奖金是对2007年工作的肯定，但却是在2008年发放，并于2009年1月首次披露——就在经历了一年巨额亏损、并接受联邦数千亿美元救助后几个月之内。

他们挑错时间了。

奥巴马总统立即对此做出反应，他严词批评这些机构滥发奖金是“可耻”之举和“登峰造极的不负责任的行为”。第二天，奥巴马的盟友、密苏里州民主党参议员克莱尔·麦卡斯基尔（Claire McCaskill）提议以总统的薪水——40万美元作为所有接受政府救助资金的公司高管薪酬的上限。2009年2月5日，奥巴马政府呼吁将公司高层管理人员的薪水控制在50万美元以下，这并非仅限于被救助企业，同时也包括那些接受“美国纳税人特殊帮助”的企业。[1]但这其中存在许多进行大额递延补偿的漏洞，此外，这一薪水上限也只是限制了企业的几名高管而已（推行这一薪水上限的工作十分艰巨，因为许多华尔街高管和贸易商每周的薪水都不止50万美元，毕竟他们一年的收入才只有“区区”2600万美元）。

事情并没有就此停止。2009年2月13日，美国国会不顾奥巴马政府的反对，在7870亿美元的刺激计划中增加了一条大举提高工资上限的规定。为了应对公众不断高涨的反感，该法案规定，奖金和递延补偿不得超过薪金的三分之一，其覆盖范围包括所有已经或将会接受救助资金的机构。这一规定不仅针对公司内部的五大高管，还包括收入排名前20位的高薪雇员。因此这一上限将覆盖从交易中获取了上千万美元的股票、债券和衍生工具交易员。在这些优秀的交易员中，有许多人参与制作了那些特殊和晦涩难懂的游戏并从中牟取暴利——他们是虚幻金融赌场的赌台管理员。

奥巴马政府似乎担心，这些规定将导致该部门的人才外流。薪酬顾问们也持相同看法。正如其中一位所说：“这些规则不会有什么效果。任何一位聪明的高管可能会选择归还不良资产救助计划的

〔1〕“奥巴马总统炮轰高管薪酬”。

资金或另谋高就。”[1]

但这就是最终的解决办法吗？快速回报纳税人并非不齿之举。实际上，如果这些聪明的家伙们能够将其聪明才智运用到替代能源、教育、医疗保健及其他急需解决的问题上，那将是一大善举。

专家们还担心这些人才会带着大批客户转投对冲基金和外国银行，从而引发已经接受了政府资助的银行的螺旋式下降。一位华尔街顾问曾这样说道：“有时您不禁开始怀疑：政府是不是已经放弃了这些公司？为何政府或白宫会赞同那种做法，除非他们已经认为必须把这些企业收归国有？”[2]

显然，奥巴马政府并不想接管整个银行系统，因此很可能会寻求其他方式。似乎总统的主要意图是在不造成大规模人才外流的情况下，利用法规与政府相结合的方式赋予金融部门更强的责任感和敏感性。祝您好运！

在这个问题上，奥巴马及其财务部长蒂莫西·盖特纳（Timothy Geitner）的反应远不如普通民众。现在，普通民众已经开始质疑华尔街对“聪明”、“有价值”和“人才”的定义。对于那些遭受或担心经济困难的民众来说，其中的逻辑很简单：银行家们在风险极高的虚幻金融赌场中赌博，最后输的一败涂地。然后，他们要求纳税人为其巨额损失买单，否则经济将会陷入更严重的崩溃。我们把钱交给了他们。但作为回报，他们却可以不买美国总统的账？

这个薪资上限是否仍然过于慷慨？我们为何要允许垂死挣扎的金融机构为其主管提供总统级的待遇？毕竟，有些专家甚至已经开始对寻求政府救助的企业的工人们发难。《纽约时报》商业专栏作家安德鲁·罗斯·苏尔钦（Andrew Ross Sorkin）炮轰了通用汽车装配线工人，认为“他们优厚的待遇也是通用汽车公司不再具有竞争力的原因之一。”在援引了对汽车工人的平均工资和福利数据

---

〔1〕语出自詹姆斯·F. 瑞德（James F. Reda），埃德蒙·L. 安德鲁斯和埃里克·戴什在“刺激计划欲对高管薪酬增设新限制”引用，《纽约时报》，2009 年 2 月 14 日。
〔2〕语出自阿兰·约翰逊（Alan Johnson），转引自同上。

后（这些数据被错误地高估），他指出，当雇主正在“要求纳税人——其中还有许多人没有医疗保险——来支付你们的工资和医疗保险”时，工人们不应该再指望优厚的健康福利。[1]

但苏尔钦并未抱怨那些收到纳税人巨资救助的金融部门高管们的钻石级待遇——这些待遇远远超过任何一位汽车工人能够想到的。难道我们不应该让这些接受救助的高管们放弃他们的健康保险吗？

不行，这种攀比必须停止。我们所说的问题不是汽车工人和金融高管们获得了“镀金”的医疗保险福利，而是很多美国人都没有这项福利的问题。这场危机应该有助于让我们享受高品质的全民医疗保险，像其他工业化国家那样，而不是大幅度削减民众的福利。如果我们拥有全民医疗保险，那么就将减轻底特律汽车制造商们的一大负担，也没有人会讨论剥夺汽车工人或华尔街高管们的医疗保险问题。

也许总统的薪资上限很快就会普及开来。随着危机日益加深，美国人发现了高管们薪酬补偿的来龙去脉。当民众得知濒临倒闭的美国国际集团在获得了1700亿美元的政府救助，并从中拿出1.6亿美元给高管们发放“留任奖金”时，无异于当头棒喝。您无法向一位失业的汽车工人或仍在努力偿还房贷的一名迈阿密退休教师解释这一切。这种愤怒可能会演变成一种普遍的呼声——限制所有获得联邦政府巨额资助的企业高管们的薪酬——就像雇佣兵一样。

如果是这样的话，那么不知疲倦的劳工活动家山姆·皮齐戈尼（Sam Pizzigoti）也将得到他应得的那份。在过去的15年中，他一直在倡导对企业的最高工资进行改革——限定所有公司高管的收入是该公司收入最低的工人的50倍（记住，即便如此，薪酬差距仍然高于绝大部分国家，同时也高于号称美国资本主义“黄金时

〔1〕安德鲁·罗斯·苏尔钦，“过渡性贷款？美国应该让通用公司参考第11章规定”，《纽约时报》，2008年11月17日，www.nytimes.com/2008/11/18/business/economy/18sorkin.html。

代”——20 世纪 40 年代末至 20 世纪 70 年代初的水平）。山姆认为，如果 CEO 希望大幅增加薪酬，那么他最好提高每个人的工资。我们中的许多人认为，虽然这种想法在理论上很有道理，但对于现代社会而言有些太过理想化。但山姆就像是一位头脑冷静的现实主义者，只是他的想法要比他所处的时代超前一些。[1]

在这一点上，我仍然屈居下风。我还没准备好推动一套全面的薪酬上限政策。我认为民众也不会全盘接受。但是，我们现在得到了一个千载难逢的好机会，可以借此缩小普通民众与华尔街大亨们的薪资差距。他们薪酬已经高得让人难以接受，并有损整个经济。我们还是把重点放在这个大难题上。正如经济学家罗伯特·弗兰克所说：

> 一位基金经理的薪酬主要取决于他所掌管的资金数额，而这一数额又取决于该基金相对于其他基金的回报率。这种环境为高杠杆化的风险资产投资——能够获得较高的平均回报——提供了强大的动机。但最近的事件表明，这些复杂的资产也将其他人置于重大的系统性风险之中。
>
> 总而言之，金融产业支付高薪诱拐人才的做法可能将对经济造成实质性伤害。因此，如果国会希望限制接受救助资金的金融机构的高管薪酬，那当然很好。[2]

* * * * * *

声讨超级富豪们过高薪酬的呼声非常令人满意，但似乎太容易了。实际上，放纵我们的义愤是一种我们无法负担的享受，特别是

---

〔1〕山姆·皮齐戈尼和霍华德·桑德斯（Howard Saunders）（插画家），《最高工资：常识处方——通过征收富人税振兴美国》纽约：The Apex Press，1992 年。或登录其网站 http://toomuchonline.org。

〔2〕罗伯特·H. 弗兰克，“国会是否应该设定高管薪酬上限？”《纽约时报》，2009 年 1 月 3 日，www.nytimes.com/2009/01/04/business/economy/04view.html。

它有可能会让我们偏离了真正的解决方法。法国著名的社会学家埃米尔·涂尔干（Emil Durkheim）称之为“仇富情节”——他认为这是公众对强权无能为力的表现。说得明白些，就是指我们更愿意抱怨有钱人，而不愿通过行使更多的权力或承担更多的责任来治理社会。抱怨不会为普通工人争取到更好的待遇或减少虚幻金融的“超高待遇”。要做到这一点，我们需要切断虚幻金融所需的剩余资本供给。

正如我们在第二章中提到的，自 20 世纪 70 年代，生产率提高和工资增长开始脱节。结果，由于平均实际工资没有与生产力同步提高，致使上万亿美元的剩余资本流入投资者阶层的口袋。为数不多的富人手里掌握了过多的剩余资本，它们很难在商品和服务生产领域找到充分的投资机会（如果这部分资金分配给劳动阶层，那么在商品和服务上的支出将会增加，而实体经济中就会有更多的投资机会）。因此，这部分资金被投入了虚幻金融的赌场。金融机构创造出了金融工具云层，将剩余资本吸纳，同时将我们大家推向危险的境地。

2004 年，经济学家贾马尔·拉希德（Jamal Rashed）和苏巴尔纳·萨曼塔（Subarna Samanta）对这种差距是否由金融不稳定所致进行了统计性测试。他们的结论是，当生产率提高和工资停滞之间的差距拉大时，将引发“股市崩溃、银行倒闭、货币贬值、失业率上升、长时间经济衰退或全面的萧条。”他们预测，生产力与工资之间差距的不断加大将导致股票市场出现“非理性繁荣”。[1]事实上，这也正是房地产泡沫的主要源头。

但生产率和工资间的差距为何会越来越大？许多经济学家认为原因是，工人教育水平的提高没有跟上先进的现代化经济所需的工作发展步伐。我们需要大量的专业技术人员、少量的体力劳动者和机器操作员。但除此之外，还存在其他更重要的因素。首先，全球

〔1〕贾马尔·A. 拉希德和苏巴尔纳·K. 萨曼塔，“生产力——工资差距与近期股价大涨分析”，国际经济及金融审查，第 14 卷，第 2 号（2005 年），第 171 和 179 页。

化开辟了新的、广阔的海外劳动力市场。曾一度是美国中产阶级收入引擎的制造业被转移至劳动力成本很低的国家。即使没有移至海外的公司也迫使工人降低工资，以便与其他低成本生产厂家竞争。随着客户服务中心及其他脑力劳动职位开始移至其他地区，身处服务行业的员工也面临着竞争。贸易协议并没有考虑不同国家间在劳工及环境法律和工作条件上的重要差异。面对来自那些工会组织被取缔、健康和安全条件恶劣、企业可以无节制地污染环境的国家／地区的劳动力市场的竞争，美国工人越来越难应对。所有这一切最终迫使美国工人的平均实际工资下调，即使劳动生产率在不断提高。

工资落后的另一个原因，是工会会员数量骤降和随后的工人集体谈判实力降低。还有很多原因，包括法律上的限制，致使有心加入工会的工人也难以找到工会，工会数量减少是劳动力萎缩的具体表现（图表 11 追踪了私营部门的工会化比率。2008 年，包括公共部门工人在内的比率为 12.4%，较 2007 年的 12.1% 略有上涨）。有些人认为，工人拒绝工会是因为其领导层不重视成员的需求。然而，在大多数情况下，工会成员流失是因为能够组织工会的相关行业大幅减少，或迁往该国。在这种“工会密度”极低的环境中，有组织的工人更难为争取更高的工资而抗争：他们所面对的竞争不仅来自世界其他地区，还来自于国内没有加入工会的低工资工人。随着劳动力的减少，工会失去了它对全球化步伐和自由贸易协定内容的影响力。

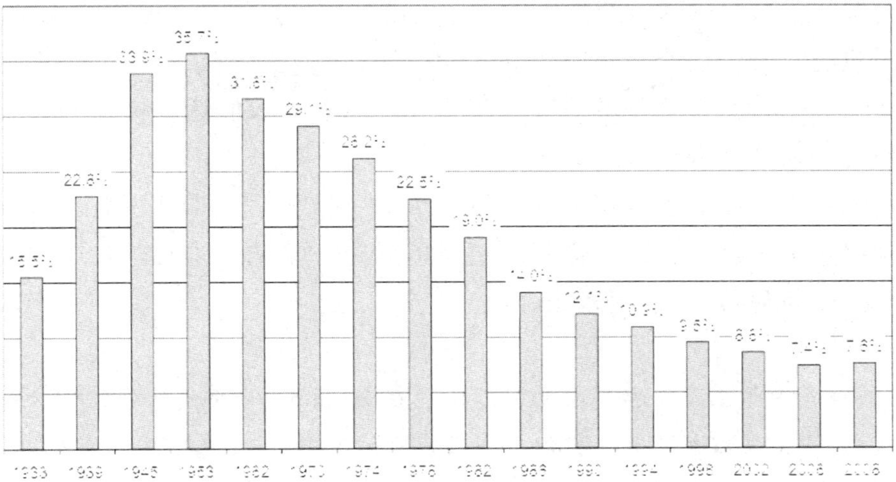

图表 11　美国私营部门工人工会化的比率

来源：1933–1982 年数据来自于里奥·特洛伊（Leo Troy）和尼尔·谢富林（Neil Sheflin），《美国工会资料大全》（新泽西州西奥兰治：IRDIS，1985 年）。1987–2009 年数据来自于劳动统计局，《就业和收入》，1 月刊，1986–2008 年。

* * * * *

现在我们要把这些因素融合在一起，以便为当前的危机归纳出一个合理且连贯的解释。

但首先要强调的是格外小心。全球经济体系是非常复杂的，因此，我只能说，应该抱着谦虚、谨慎的态度提供系统性的解释。因为事实可能会证明，其中的大部分是错误的。我记得已故的同事托尼·马左契（Tony Mazzocchi，1926–2002 年）——一位富有远见的劳工领袖——曾讲过一个故事。马左契曾在 20 世纪 90 年代后期出席了一次劳资养老基金会议。会议上，一位顾问对美国经济的“新模式”发表了欢欣鼓舞的讲话。那位顾问认为，我们已经步入了一个股市持续上涨的新时代。因此，他认为养老基金应该在一个不确定的未来收到较高的回报率。马左契只是不以为然地笑了笑，然后问道：“既然如此，它们是何时废除了资本主义的法则？”毫无疑问，马左契是对的。他经历过大萧条，并担心它可能再次发生。但我此时想到这个故事时，我在想，或许马左契错了。也许资本主义结构中的某个部分的确发生了变化，从而让人们认为极度的繁荣和萧条都是过去的事情。

我终于理清了资本主义的所有法则了吗？[1] 当然没有。但我能够肯定一点：我们还会经历更多的繁荣和萧条。为此，我通过下面的原因解释了当前的危机：

- 由于生产率和工人的实际工资在20世纪70年代开始脱节，社会收入大量流入我们当中最富有的那1%手中。减税、放松管制、全球化、反工会政策、削减社会福利计划以及最低工资不断下降等因素加速了这一过程。生产力提高后的奖金进入了投资者阶层的口袋，而不是像1945年至1973年期间那样分配给劳动阶层。
- 一部分资本被用于生产性投资。但最终实体经济中风险适度的投资机会耗尽。而当那部分奖金在实体经济中找不到稳定的投资时，它转变为剩余资本。
- 剩余资本找不到安身之所的问题被衍生产品行业“解决”了。债务抵押债券为投资者提供了回报率更高、似乎没什么风险的投资方式。赌场正式开门营业。
- 通过虚幻金融制作的衍生工具的魔力，这些资金被回收利用，用于支付风险消费和企业债务，以及一次又一次地制作以这些债务为基础的杠杆式投机工具。所有这一切都为安排、销售和交易这些产品的金融公司带来了巨大收益。它还在住房和信用卡债务以及其他虚幻金融下注中投入了数千亿美元。剩余资本通过衍生工具催生了房地产市场的繁荣和金融部门的急剧扩张。

---

〔1〕更多有关造成生产力 / 工资差距的系统性解释，请登录 www.vimeo.com/1962208，见经济学家瑞克沃尔夫（Rick Wolff）的演讲。

- 与此同时，工薪家庭不得不更加努力地工作，以便维持生计。需要两个人外出工作的家庭越来越多。债务不断增加的家庭也越来越多。
- 泡沫破灭——因为这是泡沫的必由之路。在局势发展到某一个时间点，边际买家无力再购买更多的房屋或偿还已经购买的房屋的贷款。由于繁荣加速了价格的抬升，因此这个市场中涌入了太多的房地产商，建造了太多的房屋。而实际工资早已停滞的美国工人的债务承受能力也已经达到极限，再也无力推动泡沫。
- 当房地产泡沫破灭时，根植于其上的整个虚幻金融大厦随之倒塌。世界各地的投资者和银行手中握有大量派生于价值早已化为乌有的高风险抵押贷款的资产毒垃圾。这些衍生产品的风险本应该被明确和管理，但事实上却没有。许多处于经济核心的金融机构宣布破产或濒临破产。银行系统冻结。股市崩溃。全球经济遭受重挫。

然后，我们走到了今天这个地步。

*****

不论这次总结得出的结论正确与否，我们都有充足的理由说明，缩小工资差距是应对当前危机的一种方法。如果工人的实际工资提高，那么他们在实体经济中的支出就将增多，而超级富豪用于投机性投资的资本就将减少。随着工人口袋里的钱越来越多，他们对商品和服务的需求也会越来越大，而拖欠抵押贷款将越来越少。

另一个提高工人工资的很有说服力的理由是防止通货紧缩。2008 年 10 月，居民消费价格下降了整整一个百分点，这是自大萧条以来最大的单月跌幅。然后在 11 月又下降 1.7%，创下了又一个纪录（幸运的是，后来几个月的价格开始缓慢回升，下降趋势才减缓）。但是，如果价格下行趋势确立，那么我们就会陷入困境。通货紧缩的主要特征是消费价格水平持续、普遍的下降。通货紧缩的出现是因为人们对商品和服务项目的需求下降，而后者主要是由系统性危机所致——就像我们目前正在经历的一样。如果您已经失业或担心很快会失业，那么您就会减少购物的次数。如果您看见有数百万人失去工作，您肯定不会再去血拼。而当您注意到当房价正在下降时，您可能会推迟购买某样东西，尤其是高档消费项目，因为您希望价格再多降一些。所有这一切都会进一步降低需求，从而导致经济活动放缓。投资和消费继续减少，更多的工人失去工作，价格继续下降……我们陷入通货紧缩的恶性循环。这是在说大萧条时的景象。我们不希望再经历一次。最好的解决办法之一是将更多的财富交到劳动阶层手中——越早越好。

《雇员自由选择法案》

新政出台的部分原因是迫于日渐高涨的工人运动的压力。而新政本身又进一步增强了工会的实力。新政的决策者们相信，作为工会成员的劳动阶层将有更好的机会获得生产力奖金中应得的部分。罗斯福欢迎新一波的工会化运动。他支持《瓦格纳法案》，该法案让工人组织工会更简单。历史表明，该计划效果显著：二战后的工会化的确提高了工人的实际工资——一种与创新和企业主利润完全兼容的方式。我们可以通过已经摆在国会面前的《雇员自由选择法案》重现其昔日的辉煌。[1]

自 20 世纪 40 年代后期以来，劳动法的力量已经被大大削弱，与此同时，雇主们对工会运动的压制开始变本加厉。那些尝试组织工会的工人经常受到骚扰甚至被解雇。对工会而言，进行一场有组织的运动需要付出的代价太高，而且非常困难。毫无疑问，原本公平的竞争环境已经倾向于雇主一方。康奈尔大学教授凯特·布朗芬

〔1〕更多《雇员自由选择法案》内容，请登录美国劳工总会与产业劳工组织网站，www.aflcio.org/joinaunion/voiceatwork/efca/whatis.cfm。

布伦纳（Kate Bronfenbrenner）在调查1998—1999年间的国家劳资关系委员会的竞选活动时发现，在25%的工会组织活动中，雇主曾非法解雇员工。[1] 经济和政策研究中心出炉的最新研究报告估计，2007年，在每五名工会组织者或活动家中就有一名在组织活动期间被非法解雇。[2]

据估计，目前约有6000万美国人希望加入工会。如果我们清除法律路障，那么他们当中的很多人就可以如愿以偿。这样一来，他们就有机会争取到更好的工资待遇和更安全的工作环境——据统计，每年至少有5万美国工人死于与工作有关的伤害或疾病。[3] 即使《雇员自由选择法案》不能立刻促使工会组织数量激增，非工会企业也可能会提高工资，以防工人加入工会。[4] 而提高工资能够稳定国家经济。劳动阶层将不再抑制消费，从而结束通货紧缩的局势。商会应该鼓励成立工会——它曾在过去对经济的发展作出过贡献，而且也将对现在的经济作出贡献。

提高最低工资标准

提高最低工资标准也有助于防范通货紧缩及剩余资本直接流入赌场，而且这是正确的选择。没有人能够靠目前的最低工资——从之前的6.55美元／小时升至2009年的7.25美元／小时——过上体面的生活。如果扣除通货膨胀因素，您会发现，最低时薪的实际

---

〔1〕凯特·布朗芬布伦纳，“不稳定的地势：资本流动性对工人、工资和工会组织的影响”，美国康奈尔大学劳资关系学院，研究论文与报告（2000年9月），第43页，http://digitalcommons.ilr.cornell.edu/reports/3/。

〔2〕约翰·施密特（John Schmitt）和本·择普勒（Ben Zipperer），“巨斧落下：工会选举活动期间非法解雇工人现象，1951—2007年”，经济和政策研究中心，2009年3月总结，www.cepr.net/documents/publications/dropping-the-ax-2009-03.pdf。

〔3〕帕特里斯·沃培尔（Patrice Woeppel），“论工人之死”，经济学科普中心，2009年3月17日，www.fguide.org/?p=228。

〔4〕事实上，凯特·布朗芬布伦纳的调查（第44页）发现，在所有雇主中，有20%会通过提高工资来应对工会运动，甚至在工会组织并没有取得实质上的胜利之前。

购买力在1979年达到峰值，相当于目前的8.89美元左右（见图表12）。因此说，目前是上调最低工资的最佳时机，数额至少要达到10美元／小时，而且永久性地与通胀指数挂钩（对于那些担心有可能失业的人，见大卫·卡尔（David Carr）和艾伦·克鲁格（Alan Kreuger）的研究）。[1]

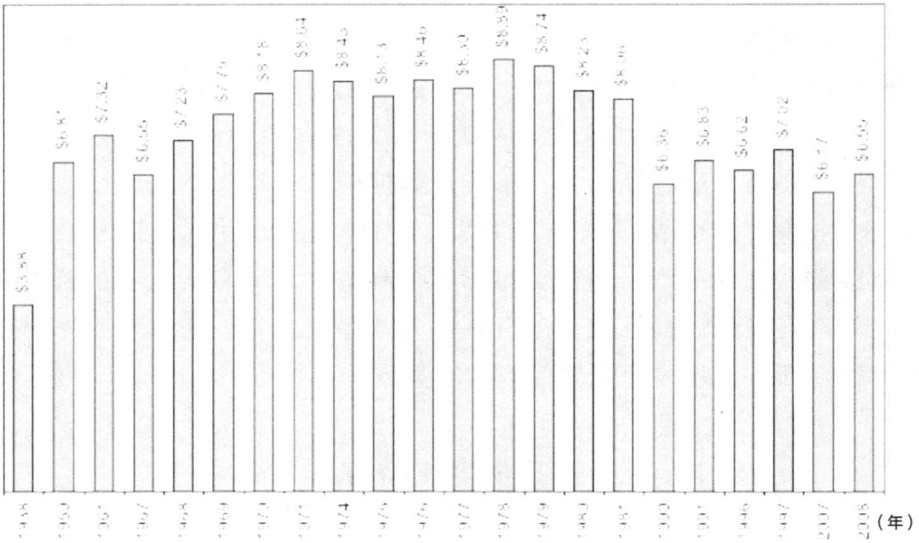

图表12　**通货膨胀调整后的最低工资（2008年美元）**

来源：改编自美国劳工部工资与工时司。

通过工会组织提高实际工资和提高最低工资标准真的能够帮助我们走出这场危机吗？我们不会知道，除非我们勇于尝试。但我们

〔1〕见大卫·卡德（David Card）和艾伦·克鲁格1997年出版的著作，《神话与计量学：最低工资的新经济学》（新泽西州普林斯顿：普林斯顿大学出版社）。书中提供了实证：最低工资并没有扼杀工作。或参看罗伯特波林（Robert Pollin）和斯蒂芬妮卢斯（Stephanie Luce）的作品，“生活工资：构建公平经济”纽约：The New Press，2000年，以及刊登在政治经济研究所，劳动力市场和生活工资计划上的研究报告，www.peri.umass.edu/Labor-Market-L.197.0.html。

确实知道当实际工资下降时会发生什么——最富有的 1% 的人拿走了过多的、连他们自己都不知道该怎样支配的财富。我们尝试了放松管制，然后收获了“特殊和晦涩难懂的衍生工具”以及自大萧条以来最严重的金融危机。我们尝试了减税政策，却致使收入差距扩大。我们尝试了鼓励对 / 由富人投资，我们得到了虚幻金融的泡沫和许多亿万富翁。我们打造了一个严重依赖金融的经济，原本以为这应该把我们带向美好的未来。但事实恰恰相反，我们再一次品尝了历史的苦果——一场可以与 20 世纪 30 年代大萧条相媲美的经济危机。让我们看看，如果我们提高了中产阶级和低收入群体的工资，那将是怎样一番景象。

这并不是说这两种改革能够确保我们再不会遭遇另一场金融危机。只要存在自由企业式的金融部门，进行多少改革都无法保证这一点。但偶然的轻度衰退并不会引发我们的担心和愤怒。我们担心和愤怒的是应该被管制的过度和灾难性的剧烈波动。而工会组织与合理的最低工资标准将在我们实现这一目标的过程中发挥很大作用。

现在是尝试这些亲工人战略的时候了，因为金融业的变化非常剧烈。我们的金融精英们诱骗政府投入 1 万多亿美元处理银行业的问题。相信未来还要发放更多的企业救助金。多年来一直为共和党与民主党倡导的放松管制的正统观念正被那些曾经一度为其摇旗呐喊的决策者所丢弃。金融领袖们现在无力再争辩提高最低工资、工会组织和更公平的贸易协定会干预自由市场。我们需要为未来明确一个新的方向。而现在则是我们能够让其付诸实现的大好时机。让我们借鉴银行家的做法，并在机会来临时勇敢地把握时机。

助学贷款国有化

国有化也是本次大胆改革的内容之一，但讨论陷于机构所有权的道德僵局——接管这家还是那家倒闭的银行。如果我们重新聚焦政府已经收到良好效果的某些特殊职能，或许可以取得更大进展。

我们可以从助学贷款开始着手。[1]学院董事会的统计数据显示，截至2008年，学生贷款市场总量达867亿美元。[2]这其中，私营部门（萨利美、花旗银行、美洲银行、摩根大通银行等）资金只有190亿美元，而其余77%则来源于各种联邦资助及非资助贷款计划。而私营部门的助学贷款业务则依赖于重新制作和向投资者销售捆绑贷款——另一个随着虚幻金融崩溃而消失的市场。为了挽救这一行业，布什政府批准了一项600亿美元的政府性基金，并在二级市场上收购助学贷款。因此，纳税人现在是这个包含联邦政府、州政府和多个私营部门贷款方案的庞大市场的主要投资者。

既然我们已经是这个市场主要投资者，为何不把它完全接收过来并将私营部门中间商剔出去？同时，我们可以通过消除多重行政工作、贷款学生及其家庭的困扰及学院管理者滥用职权的行为（他们有时会将学生引向自己的私营贷款关系户以赚取回扣）提高效率。

美国助学贷款提供商（Student Loan Providers，一个贸易集团）的执行董事凯文·布伦斯（Kevin Bruns）并不认同这种做法。他辩称："目前有一个巨大的机构在管理着私营部门承担的助学贷款计划，内容涉及销售贷款、提供服务、分配贷款、还款等，这并不是联邦政府该插手的要务。"[3]然而，他却没有提及银行机构从这些贷款中捞取的巨大收益。此外，他还忽略了重复性行政服务浪费了数千万美元的这一现状。事实证明，这个市场已经是联邦政府可以处理的一种银行职能。因此，政府应该直接发放助学贷款，而不是拯救另一个破产的行业。我认为，学生及其家庭会欢迎这种形式的政府所有权，不过前提是奥巴马政府能够克

〔1〕我个人偏重于，通过免除所有高等教育机构学生学费的方式完全取缔这个市场，这项举动的成本大约是每年500亿美元。不过，就读于私立院校的学生以及公立院校学生的其他支出将仍然需要助学贷款。

〔2〕见该大学理事会的"高等教育系列"中的"贷款"图表（在"At a Glance"下面），www.collegeboard.com/html/costs/aid/index.html。

〔3〕乔纳森·D. 格莱特（Jonathan D. Glater），"美国在学生贷款中的重要角色"，《纽约时报》，2009年2月25日，www.nytimes.com/2009/02/26/business/26student.html。

服其国有化恐惧症。

* * * * *

从第一章的威斯康星州白鱼湾开始到现在，我们刚好走了一大圈。迄今为止，白鱼湾镇似乎仍在与虚幻金融的恋情中挣扎不休。这里的豪宅依然挺立在密歇根湖岸边的悬崖上。中产阶级社区中也看不到破败的景象。银泉大道上的艺术装饰电影院的大门仍然开放，那些食品商店依然宾客盈门。而且，镇上的白领居民们依然关注学校，但令其自豪的公共金库却受到了虚幻金融赌场的重创。

当地学校领导原本希望虚幻的金融能够充实自己学校系统的金库（不是他们自己），但他们玩了一场自己根本不懂的游戏。他们被诱骗买了一种大规模杀伤性金融武器——合成型债务抵押债券——特殊且晦涩难懂的金融工具，也是导致我们国家经济崩溃的关键。他们在虚幻金融梦想传播者的牵线下相识，然后为之神魂颠倒。法院将决定他们是否被非法欺诈并取消原有的交易，但很显然，他们被骗了，和我们国家的整个经济一样。

我们失控的私有化金融系统创造、推销并兜售了垃圾梦想。人们不由自主地将其归罪于那些多年来一直在谋取暴利、进行投机性借款、贷款和投资个人。在威斯康星州，我们可以指责那些本应更好地了解情况的小镇领导、指引他们走上冒险之路的经纪人、诱骗他们进行风险交易的投资机构和从那些垃圾证券中赚取了大把收益的国内外银行家。专栏作家大卫·布鲁克斯指出，2008 年危机中一个重大谜团是“怎么会一下子冒出来这么多愚蠢、无能和具有自毁倾向的人。”[1]

问得好，但却不是理解这场危机最具建设性的提问。我们不会在我们非理性的心理、我们的不良行为，甚至在我们贪婪的金融家

〔1〕大卫·布鲁克斯，“一个充满信心和信任的经济”，《纽约时报》，2009 年 1 月 16 日，www.nytimes.com/2009/01/16/opinion/16brooks.html。

中找到全球金融危机的根源。相反，我们应该查看经济中的私有化金融系统。为何这个系统如此不稳定？如何才能使之稳定？

我们见识过了哲学家和先知们的真知灼见，他们在过去的五千多年中一直担心，钱生钱会扰乱社会秩序。他们担心，债务会造成贫困和不平等（的确如此），不受控制的金融会造成社会不稳定（的确如此）。我们看到，随着资本主义发展为一种全球性系统，政治经济学家们一直尝试理解和驯服破坏性的繁荣和萧条，并在合理的投资和赌博之间、冒险和冒失之间划清界限。这些经济学家希望培养能够创造新财富的无畏的创业精神，同时劝阻引起不稳定的赌博行为。不幸的是，他们的努力大多白费。或许这是因为在私营金融部门中，冒险和冒失相互交织，难以控制。

经济学家约翰·梅纳德·凯恩斯和海曼·明斯基（Hyman Minsky）认为，我们私有化金融系统的不稳定是与生俱来的，它总是在繁荣和萧条之间徘徊。[1]明斯基曾写道："金融市场的不稳定——周期性紧缩、挤压和崩溃——是资本主义经济行为正常运作所产生的必然结果。"[2]虽然对现状进行了批判，但这些经济学家仍然坚信资本主义制度的整体价值。不过他们发现了商品和服务市场与金融市场之间的巨大差异。他们认为，分散的自由市场的效率和生产力远远高于任何国营系统。与米尔顿·弗里德曼一样，他们认为，自由市场保护和提升了个人自由，为人们提供了更多机会。同时他们也像推行新政的民主党人一样相信，资本主义可以促进社会正义和平等。但就在他们为生产和分配商品与服务的分散的市场大唱赞歌时，他们也见证了私人金融市场的崩溃以及所引发的严重萧条。

在这本书中，我们试图查明和解释催生我们最近这轮金融海啸

---

〔1〕乔治·索罗斯在"金融市场新模式：2008年信贷危机及其含义"（纽约：Public Affairs，2008年）提供他自己对内在不稳定性的理论。他称之为"反身性"。

〔2〕海曼·明斯基，"它"会再度重现？针对不稳定性和金融的文章（纽约阿蒙克：M. E. Sharpe，1982年），第92页。

的金融工具。当然，这些产品并不是导致本次危机的唯一凶手。但是，它们却在构建系统性风险的过程中贡献巨大——它们将脆弱的全球金融多米诺骨牌串在了一起。这些金融工具刚出现时，华尔街的精英们便为其冠上"毒垃圾"之名。但他们并不知道这些"毒垃圾"的毒性和破坏性究竟有多可怕。

在这最后的两章中，我们提出了几种保护自己免受金融危机之害的建议，其中包括金融灾难保险、总统薪酬为上限、金融工程控制、工会化、提高实际工资和最低工资标准以及助学贷款国有化。这些改革有助于让资源进入实体经济，从而远离虚幻的金融。但是，这些建议可能远远不够。

现在我们应该更加仔细地研究凯恩斯和明斯基提出的最激进的建议。为了防范分散管理的资本主义制度崩溃，他们认为"社会化"绝大部分私人金融部门或许是非常必要的。这不是暂时性的"预私有化"，而是一劳永逸地使之"社会化"。如果在几年前提出这一建议，无疑会被视为荒谬。那时候，各大银行、保险公司和投资公司正在疯狂获利，好像他们正是推动经济增长的动态引擎。他们将我们当中那部分最聪明的精英纳入麾下，他们为旗下员工和股东创造了新的财富。

但现在，濒于破产的也是这些机构——即使是在政府已经斥资上万亿美元进行救助后。开始国有化这些机构的并不是一小部分社会主义者，而是极端保守的、自由市场的拥护者——布什政府。布什政府意识到，如果政府不进行大规模干预，这些银行就会倒闭，连带整个金融系统一起。如果政府没有断断续续地推出国有化方案，那么我们可能早已经陷入第二次经济大萧条的深渊。

现在民众手中或多或少地都拥有房地美／房利美、美国国际集团、花旗集团和多家美国银行的股权。很快，其他银行也将乞求我们救助。我们正在成为所有大到不能倒、但却终将倒下的金融机构的救星。然而，我们却似乎害怕接管这些机构，甚至不敢严格要求他们对如何花我们的钱负责。

我们现在面临着一系列生死攸关的抉择。我们可以坚守并监督这个半社会化的金融部门，或者干脆把整个银行系统还给私人投资者。我们可以制定政策，提高工人的实际工资，也可以继续让财富流向超级富豪的口袋。我们可以对金融工程实施规管，也可以拭目以待，静候下一次虚幻金融的狂欢光临。

政策制定者面临着强大的政治逆流。许多人会通过找出中间路线的方式避免作出这类严峻的选择。他们不想国有化更多的银行，他们希望尽快将我们手中的这些机构归还私营部门。

在政府开始插手进行救助时，其目的只是帮助银行消除其有毒资产，这就好像一个巨大的金融超级基金清理项目。但后来他们认为，这种修复过程进展不够快。因此，他们试图通过向银行注资数千亿美元及对数十亿美元的资产进行担保的方式恢复银行的贷款功能（并援助银行的股东）。但是，政府并未对这部分资金的用途加以限定。很快，联邦政府就发现，银行按兵不动，并利用我们的救济金发放奖金／分红，以及收购其他公司。还有一位银行家在2009年1月收到3亿美元的联邦救助后放言："发放更多贷款？我们不会为了满足公共部门让我发放更多贷款的需求而改变我们的商业模式或信贷政策。"〔1〕

在撰写本书时，奥巴马政府正在推出一个新的计划，为受到政策鼓励而购买资产毒垃圾、使之从银行账簿中移除的投资者投保。但是没有人知道这些资产毒垃圾的真正价值如何，因此目前还不清楚奥巴马正在用纳税人的钱冒多大的风险，或这一计划能够为这些内幕投资者赚取多少意外之财。此外，随着金融资产在严重的经济衰退期间不断贬值，"有毒"的定义将变得越来越模糊。我们给银行的赏赐可能要高达数万亿美元。

而且所有这一切都是因为我们在国有化这一问题上犹豫不决。我们担心这会形成庞大的官僚机构，而其中无所事事的公务人员最终将把它搞得一团糟。但他们的破坏力真的能够强于已经造成现在

〔1〕麦克·麦金泰尔（Mike McIntire），"救助是银行的暴利或是借款人的暴利"，《纽约时报》，2009年1月17日，第1页，www.nytimes.com/2009/01/18/business/18bank.html。

这种局面的私营部门银行家吗？

有些人担心，全面接管金融机构将会让投资者却步，进而导致股市——全球金融健康的象征——继续下挫。但我们为何要继续保护那些在垃圾债券上大笔投注、大发横财，现在又向我们大呼救命的投资者？

虽然冷战早已结束，但还是有些人担心会被保守派专家冠以社会主义者的名号。但是，如果银行继续螺旋式下降，并威胁到整个经济的发展，那不是正好说明，我们对国有化唯一的惧怕其实就是惧怕本身？

也许政府在回避国有化过程中遇到的最大问题是替代方案可能无效。我们正在进行某种形式的赌博——赌这些杂七杂八的救助、法规和经济刺激法案能够让我们摆脱目前的困境。成功的可能甚至比这些措施将消除长期的金融不稳定性要更渺茫。历史无法给我们保证。我们投入了如此众多的人类能源对经济进行调查、分析和管理，这是以前从未有过的现象。但有史以来最高级、最成熟的经济体制却粉碎了我们所有的研究结果、我们的计量模型以及我们的自由市场理论，更何况我们的现实生活。因此最大的可能性是，如果我们不改变我们的行为模式，它会再次崩溃。

艾伦·格林斯潘不仅同意，而且也认为这些崩溃是我们针对所取得成就所付出的一小部分代价。在全国广播公司财经频道 2009 年 2 月 12 日首次播出的纪录片“纸牌搭的房子”中，他爽快地承认，贪婪是推动经济发展的——向上和向下——基本经济动力。此外，他认为，我们不得不容忍它，因为贪婪将永远与我们同在，绝不会因为法律规定而离开。与所罗门一样，他根据资本主义定期的破坏性评估了其生产力：

> 这是这整个事件中最特别的事件之一。看看我们所有人的所作所为——难以想象，人类居然制定出了这样一套非凡的、世界性的生活标准，它让上亿人口摆脱了贫困。我们应该格外欣赏的是这一制度已经带领我们走了多远。因为毫无疑问，我们还会在

未来的某个时刻再次进行这样的对话。尽管在相当一段时间内不会出现，但它肯定会再次发生，因为这是人性的缺陷，是我们无法改变的——做什么都没用。

但我们并不是要在改变人性和接受不受监管的自由市场之间做选择。此外，我们也不是要在全面社会主义和不受约束的资本主义之间做选择。鉴于全球经济系统的复杂性，我们需要为更微妙的替代方案预留空间。自由企业原则可以支配绝大部分商品和服务市场，但同时我们也严格把控金融市场。我们必须正视现实。当我们衡量金融部门对国民经济的整体影响时，我们发现它会造成系统性不稳定；而且在其成为以营利为目的、大到不能倒的企业系统的一部分时，其运行效率低下。至少，我们需要某种方式来防范就连艾伦·格林斯潘都“毫无疑问”地确定会再次出现的危机，比如我们在第十章中提到金融灾难保险建议。而我们的子孙后代值得我们去付出。

让我们祈祷我们不会因为缺乏进行下列改革的勇气而再继续丢弃本应留给孩子的财富，其中包括接管濒临破产的主要银行、大幅削减其天文数字的高管薪酬、控制其危险的金融工程同时做一些有利于大家的实事。

事情可能再一次与我擦身而过。每天，我们都能听到许许多多的国有化建议。来自左翼和右翼的经济学家们都倡导政府临时性接管已破产的银行（美其名曰“预私有化”）。人们迅速达成了共识——并非是因为意识形态，而是出于绝望。奥巴马政府在 2009 年 3 月公布资产毒垃圾公私合营计划是为避免国有化战略所做的最后努力。如果再失败，他可能会被迫启动仅剩的唯一选择。但即使是在尖锐的批评家当中，也很少（如果有的话）有人愿意让政府长期经营主要的金融机构。看来，我们宁愿把赌注再次压在不稳定的私营市场上。

如果在您读这篇文章时，我们已经成功避免了全面的经济萧条，我们更多的是在庆幸自己很走运而不是很明智。或者就像鲍勃·迪伦（Bob Dylan）在歌中的感叹：

我耐心地坐在这里

等待一个答案

我必须付出怎样的代价

才不至于再次落入这个怪圈。[1]

〔1〕鲍勃·迪伦，《被困在莫比尔的小镇听着孟菲斯的蓝调》，www.bobdylan.com/#/songs/stuck- inside-mobile-memphis-blues-again。

词 汇

套利： 根据investopedia.com的解释，套利是“同时买入和卖出资产，以赚取价差利润。这是一种交易形式，它利用不同市场或不同形式的相同或相似的金融工具的价差牟利。套利的存在是市场效率低下的产物；这种市场提供了一种机制，能够确保价格在长时期内不会大幅偏离公允价值。”[1] 所谓的“监管套利”是指将投资从受到严格监管的市场转移至监管较为宽松的市场，旨在从弱化的监管中获利。

债务抵押债券（CDO）： 债务抵押债券或CDO，是一种由金融工程师发明的证券。它将多种类似的债务集合成可以买卖的证券。购买了债务抵押债券的投资者获得了分享该证券部分利息收入和本金的权利。例如，一家银行可能会把5000种不同的按揭贷款、汽车贷款和信用卡债务打包成一种债务抵押债券。购买了这种债务抵押债券的投资者将获得该集合中5000位借款人所欠利息的一部分。债务抵押债券的投资者所承担的风险是部分借款人拖欠贷款。但这种风险看似是通过将数量众多贷款捆绑在一起而分散了。支付给投资者的利率因构成这一债务抵押债券集合的借款人的违约几率不同

〔1〕www.investopedia.com/terms/a/arbitrage.asp。

而不同。[1]投资者愿意承担的风险越大，他们获得的利息收入越高。

- **CDO 的平方：** 针对赌瘾更高的赌徒。您把多种不同债务集合中风险最高的普通级证券抽出来，然后打包成一个新集合。您将这个新证券集合分级、出售，就像在制作和出售一种债务抵押债券一样。CDO 的平方最上面的一层将最先获得利息支付，最后遭受损失。CDO 的平方的普通级将是最后一批获得利息支付和最先遭受违约损失的证券。但就整体而言，一种 CDO 的平方证券所面临的风险远远超过普通的债务抵押债券。

- **CDO 的立方：** 专为赌红了眼的、不到火烧眉毛绝不离开赌桌的赌徒而设。您把多种不同 CDO 的平方集合中风险最高的部分抽出来，然后打包成一个新集合并进行分级。很难相信有人会制作、出售或买入这样一种东西。如果您认识这种人，别忘了通知我一声。

信用违约掉期（CDS）：一种衍生证券，它可以让不愿意承担风险的一方将风险转移给愿意接受风险的一方……以一定的代价。信用违约掉期基本上就是一种保险契约。您可以为您持有的其他人（即“对手方”）的债券投保——通过向对方支付一笔钱，就像在支付保险费一样。如果债券发生违约，那么对手方将负责弥补您的损失，这样您就不会因为债券违约而蒙受任何损失。信用违约掉期之所以不能被称为保险，是因为保险受政策和法规监管，而信用违约掉期则不受监管。

但就我们所知，它与保险有着很大的不同。您可以和对手方签订信用违约掉期协议——即使您并未拥有您要投保的债券或项目。这很像为一所不属于您的房子购买了一份保险。人们为自己根本没有的企业债券签署信用违约掉期协议。他们甚至可以针对天气下注。

---

〔1〕www.wikinvest.com/wiki/Collateralized_debt_obligation_（CDO）。

只要您能找到对手方，您可以针对任何事／物签署信用违约掉期。这些证券不受监管。目前，全球的信用违约掉期协议价值介于 60—600 万亿美元。

信用评级机构：美国主要有三大评级机构，分别是穆迪、标普和惠誉。他们的基本职责是为股票、债券和其他形式的债务进行信用评级。此外，他们还针对包括金融机构在内的许多机构进行信用评级。公司、政府机构或国家的评级越高，那么在通过发行债务筹集资金时所需支付的利息越低。在美国，这些评级机构被政府给予特殊地位。实际上，他们的评级决定着养老基金和其他公共资金能够投资于何种金融工具。

债务集合：为了更好地将风险转嫁出去，金融机构把如抵押贷款、信用卡债务及汽车贷款等债务工具收集在一起，组成债务集合。这些集合的所有人希望控制因此类债务违约而造成的潜在损失。

衍生工具：一种金融工具，其价值派生于标的物或参考股票、债券或其他金融工具。例如，股票指数是一种基于一组标的物股票的衍生工具。当您购买一种指数时，您购买的并不是构成这一指数的股票。但是，您的指数证券会随着它所跟踪的股票的价值上下波动。这与持有共同基金的一部分份额不同。在共同基金中，您真正拥有一些真实的股票和债券。

想一想幻想棒球。这是一种以大联盟球员真实表现的统计数据为基础的衍生游戏。您自己并未拥有任何一位现役球员，即使是像拥有共同基金的一小份那样。当您拥有一支幻想棒球队时，除了服务机构给您的衍生统计之外，您什么都没有。然而，您的赌注具有价值，因为其他玩家及其衍生队愿意与您打赌。在两个大联盟的基础上可以产生数以万计的幻想棒球联赛。同样，在相同的真实标的物证券组合基础上，也可以创造出上万种衍生证券。本书中提及的绝大部分金融工具，如债务抵押债券、合成型债务抵押债券、信用违约掉期、CDO 的平方等等都是衍生工具。

权益：在房地产领域，权益意味着您房子和资产的实际价值与您亏欠数额之间的差额。（如果其价值大于您的亏欠数额，表示您拥有权益；如果小于亏欠数额，说明您拥有的是“负资产”。）这一术语也用于指代对一家公司权益的所有权，通常是指股票或优先股，也可以泛泛地指代股市投资。在买卖账户中，权益是指如果立刻卖掉持有的股票，您所能获得的价值（扣除您购买这些股票的所有费用）。

金融证券：表明您可以买卖的经济价值的金融工具。证券大致可分为债务证券（如联邦票据和债券）及表示一家公司股份所有权的普通股证券[1]。金融工程师们花费了大把时间制造新型证券，其中有一些成为造成我们目前经济灾难的祸首。

对冲基金：investopedia.com 称其在某种程度上是“一个专为富人而设的共同基金”。[2]他们利用各种复杂的方法和大量杠杆式投机累积财富。参与这样一种基金的您必须是一位成熟、富有的投资者——至少拥有 100 万美元以上。《华盛顿邮报》报道称：“据各种行业估算显示，受客户赎回投资影响，去年（2008 年），在 10000 个对冲基金中，多达 2000 个出局。全球对冲基金投资资产总额减少近一半，降至 1.9 万亿美元。”[3]大多数基金不受监管控制，但奥巴马政府正在计划改变这一状况。

---

〔1〕http://en.wikipedia.org/wiki/Securities。

〔2〕www.investopedia.com/terms/h/hedgefund.asp。

〔3〕扎卡里·A. 戈德法布（Zachary A. Goldfard）与大卫·周（David Cho），“对冲基金为政府监管让路”，《华盛顿邮报》，2009 年 3 月 14 日，www.washingtonpost.com/wp-dyn/content/article/2009/03/13/AR2009031303063.html。

投资银行：这是一种复杂的金融机构，其责任是帮助政府机构、国家和企业筹集资金。此外，投资银行也可以帮助上述机构发行股票和债券、安排和促进企业之间的并购。与此同时，这类机构还发明、买卖新型金融工具，如债务抵押债券和信用违约掉期等。

杠杆式投机：利用金融工具借钱，以便增加投资规模的方式。杠杆式投机越多，您承担的风险越大。举例来说，抵押贷款可以让您只支付首期款。如果您购买一所价值 10 万美元的房子时，只付 20% 的首付，另外 80% 为贷款，那么您的杠杆率为 4:1。如果您房子的增值 2 万美元，那么您的投资就翻了一番。但如果房子贬值 2 万美元，那么就表明您的权益化为乌有。一些对冲基金和银行的杠杆率高达 30—100 倍。因此当这些投资出现问题时，他们损失了数十亿美元。

优质、次级与准优选级（Alt-A）贷款：大致说来借款人可以被划归三种类型：拥有良好的信用记录的（优质）、信用记录较差的（次级）及可能拥有良好信用记录但却不希望在其贷款申请中注明收入信息的（准优选级）。通常申请贷款所需的最低 FICO 信用评分为 640 分（FICO 是一种广泛使用的信用评级方法，由 Fair Isaac and Company 公司研制。FICO 主要用于衡量您的还款可能性有多高。FICO 评分越高，您的信用价值越大）。

生产力：生产力是衡量经济的一个因素，计算方式是用工作时数除以产出量。产出量通常以国内生产总值（一个国家所生产的所有商品和服务的总价值）来衡量。

数量分析专家：在这本书中，我们用这一词汇指代那些利用数学和统计方法确定如衍生产品等金融工具的风险及盈利能力的专业人员。

合成型债务抵押债券： 这是一种将债务抵押债券和信用违约掉期融为一体的金融债券。在没有组建或拥有标的物债务集合的情况下，金融机构利用信用违约掉期创建了一种债务抵押债券（包括分级及其他特点）。对手方为合成型债务抵押债券支付保险金，以保护各类债务。投资者购买合成型债务抵押债券不同级别的证券。投资者的资金流入一个承保对手方债务的基金。如果那笔债务出现违约，那么购买合成型债务抵押债券中最危险的那部分证券的投资者将最先损失投资，随着违约率提高，损失逐步扩大。合成型债务抵押债券的巨大优势是可以快速创建，而无需收购大量债务，并对其进行配置和分级。

系统性风险： 金融风险可分为几种。银行家在放贷时承担风险。投资者在向银行投资时承担风险。而当一系列个人贷款和投资风险串起来，对金融系统和整个经济造成损害时，即成为系统性风险。2008 年，一些大型金融机构倒闭或濒临倒闭冻结了整个信用体系，并造成了严重的经济衰退。造成这一危机的那些做法和金融工具带来了系统性风险。

份（tranche）： 一个法语词，通常用于指代源于一个债务集合的债务抵押债券的不同份额。（但最近学者和政治家们在频繁地使用这个词，表明他们的经济知识渊博。）一种债务抵押债券通常被划分为三级：普通级、中间级和高级。

- **高级：** 最先获得整个债务集合利息支付的一组证券（这可能是一个大型证券或许多较小的证券）。因此，高级证券是受违约影响最小的一部分证券。但相对于所承担的风险较低，他们的利率也较低。

- **中级：** 第二批获得整个债务集合利息支付的一组证券。因此，这类证券的风险高于高级证券，相对的，它的回报率也高于高级证券。

- **普通级：**这部分证券处于债务集合的底层，专为赌徒准备。这一组的证券最后收到整个债务集合的利息支付，最先遭受债务违约损失。因此，普通级证券的回报率非常高，前提是违约没有让其价值化为乌有。（之所以称之为普通级，因为股票持有人在公司破产的情况下，是对资产拥有最低和最后权利的群体。）